ARCHIVOS DEL PRESIDENTE JOSÉ AZCONA

Notas de Prensa. Abril—Mayo de 1987

MERENDÓN

COLECCIÓN

ARCHIVOS DEL PRESIDENTE JOSÉ AZCONA
(Notas de prensa abril—mayo de 1987)

©Colección MERENDÓN
Supervisión Editorial: Óscar Flores López
Diseño de portada: Andrea Rodríguez-Lilyana Gálvez
Administración: Tesla Rodas y Jessica Cordero
Director Ejecutivo: José Azcona Bocock

Primera Edición
Tegucigalpa, Honduras—mayo de 2024

NOTA DEL EDITOR

Estos volúmenes del archivo José Azcona Hoyo de la Colección Merendón nacen de los documentos que dejó mi papá al fallecer. Hubiese sido su voluntad que la información fuese compartida con todas las personas que deseen acceder a la misma.

La colección incluye un registro de publicaciones periódicas contemporáneas con los hechos, informes de gobierno y otros documentos anexos. La edición que hoy publicamos contiene los archivos de prensa de los diarios La Tribuna, El Heraldo, La Prensa y Tiempo de abril y mayo de 1987.

El cuidado y divulgación de documentos históricos tiene dos componentes importantes. El primero, y condición necesaria para el segundo, es la conservación de la información para su posterior uso. La función primaria se ha logrado durante las décadas que este archivo ha estado bajo custodia de mi madre, Miriam Bocock de Azcona, y se espera lograr darle un hogar definitivo permanente.

La segunda función se cumple con la publicación de este archivo. El mismo se ha organizado, capturado digitalmente, convertido a texto, editado y publicado de una manera sistemática.

La intención es que el mismo sea accesible, a un costo económico, para quienes deseen conocer mejor este importante periodo de la historia de Honduras.

Adicionalmente, que sirva de fuente para investigadores que se interesen en los temas cubiertos por el mismo. Un complemento importante es que se pretende tener estas obras en una edición disponible de forma permanente, para garantizar el acceso al mismo a futuro

Hemos cuidado de hacer edición para garantizar: que no haya errores y facilidad de búsqueda. La intención no es distorsionar el archivo para favorecer o perjudicar imágenes, sino conservarlo y compartirlo en forma íntegra.

JOSÉ S. AZCONA B.

50 MILLONES PARA ELECTRIFICAR CUATRO DEPARTAMENTOS DEL OCCIDENTE

*Azcona: situación económica se agrava con el crecimiento demográfico

Representantes del gobierno central, y de la empresa alemana Brown Bovery Company, suscribieron en Santa Rosa de Copán el contrato para la electrificación de las zonas noroeste y sureste del país, en presencia del presidente José Azcona.

El mandatario arribó a Santa Rosa en compañía del ministro de Comunicaciones, Obras Públicas y Transportes, Juan Fernando López y del gerente general de la Empresa Nacional de Energía Eléctrica (ENEE), Jack Arévalo, y otros funcionarios, quienes fueron recibidos por las autoridades locales, encabezadas por el alcalde Octavio Bueso Pineda y alumnos de los centros educativos.

Azcona llegó a la ciudad por la vía aérea y caminó del aeropuerto al lugar de la ceremonia y durante el trayecto fue saludado por los habitantes del lugar.

El costo del proyecto es de 50 millones de lempiras y será financiado por el Instituto de Crédito para la Reconstrucción, mediante el convenio de cooperación financiera suscrito con Alemania y serán beneficiadas muchas comunidades de Santa Bárbara, Ocotepeque, Lempira y Copán.

En su discurso, el presidente Azcona manifestó entre otras cosas que la situación económica de Honduras ha estado mala siempre, no sólo en los últimos 5 años, y "se agrava con el crecimiento demográfico".

Agregó que ese crecimiento hace nugatorios los esfuerzos del gobierno para darles escuelas y pupitres a todos los niños y nombrar maestros en todas las escuelas y es muy difícil superar el crecimiento anual de la población, del 3.5 por ciento, con relación a la curva de desarrollo económico.

Sin embargo, manifestó que "por eso no nos vamos a sentar a llorar", porque también el crecimiento demográfico de un pueblo constituye el enriquecimiento de los más grandes y esos millones de hondureños con que se cuenta ahora, en contraposición al millón que se tenía en los años 30's, debe ser aprovechado en beneficio de la población hondureña.

Por eso es importante, señaló, la realización de obras como la que se va a iniciar, para afincar a los pueblos en sus lugares, llevándoles un grado de adelanto y civilización, a fin de que se pueda ver una televisión, los niños estudien en la noche, los hombres revisen sus cuentas después de sus faenas diarias y que entre la cultura que tanto necesita nuestro pueblo.

Azcona sostuvo que el atraso de Honduras no se debe a la carencia de potencial económico, porque el país tiene la suficiente capacidad para crecer y que los hondureños podamos vivir a todo lo largo y ancho del territorio en mejores condiciones de vida.

Al acto asistieron todos los alcaldes municipales de las comunidades que serán beneficiadas y otras autoridades regionales. El presidente de la República fue declarado "huésped de honor" de Santa Rosa de Copán, al igual que el titular de SECOPT y el gerente de la ENEE.

El proyecto beneficia a las comunidades de San Juan de Opoa, Santa Rosa de Copán, San José, San Nicolás, Nueva Arcadia, Dulce Nombre de Copán, Cucuyagua, San Pedro y Corquín, en Copán mientras que en el departamento de Lempira la energía eléctrica llegará finalmente a los municipios de San Rafael, La Iguala, Gracias, Las Flores, Protección, El Naranjito, Santa Bárbara, Lucerna, Sensenti, San Marcos, San Francisco, La Labor y Senuapa.

En El Paraíso, el fluido eléctrico será recibido por los habitantes de El Zamorano, Güinope, Morocelí, Yuscarán, Danlí, Las Crucitas, Jacaleapa, Teupasenti y Ojo de Agua. La tercera etapa del proyecto beneficiará a los municipios de Cabañas, La Unión, La Jigua y Veracruz, en Copán, y las comunidades de Belén, Gualcho, Concepción, Dolores, Merendón, Fraternidad y Santa Fe en Ocotepeque.

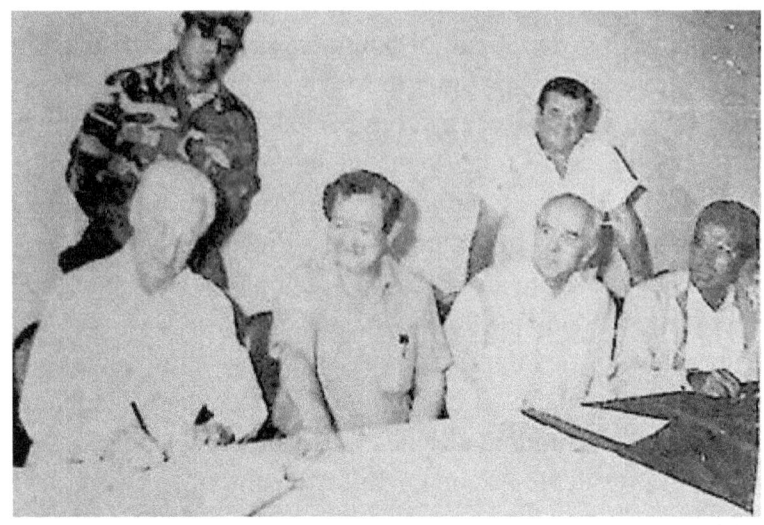

El presidente José Azcona Hoyo, avala el contrato que proyecta la electrificación de 47 municipios del occidente del país beneficiando a 350 mil hondureños. Le acompañan Jack Arévalo y Arnold Overhelzer, quienes suscribieron el contrato. (*Foto Reynaldo Carranza*).

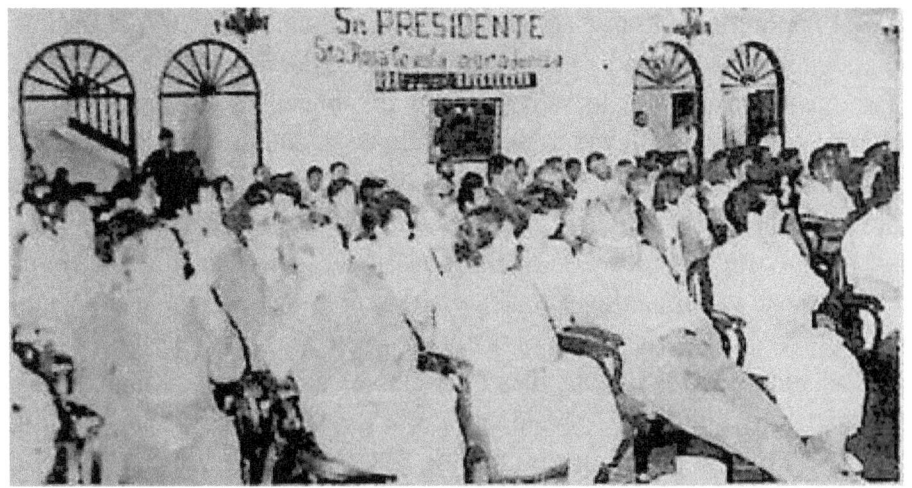

Aspecto general de los asistentes a los actos realizados en la ciudad de Santa Rosa de Copán.

El presidente José Azcona Hoyo durante el recorrido del aeropuerto al centro de la ciudad.

La Tribuna/6 de abril de 1987

LÓPEZ: HASTA EL PERIÓDICO DEL DESIGNADO PROTESTA POR FERIADO

El ministro de Comunicaciones, Obras Públicas y Transporte, Juan Fernando López, dijo que Honduras está iniciando su resurrección y que es divertido que hasta el periódico del designado (Jaime Rosenthal) proteste por el superferiado.

Agregó que es preocupación diaria del Gabinete de Gobierno pensar cómo atender un problema de los tantos que reclaman cada día. El funcionario dijo que le causa decepción cuando algún ciudadano, que no salen más que alrededor de la Plaza Morazán, se pone a gritar que "este gobierno no ha arrancado".

Esta época va a ser el inicio de un cambio y ustedes van a ver… se licitaron 60 millones de lempiras en equipo para mantenimiento y al final del año podremos atender las necesidades que plantean las comunidades hondureñas a través de sus alcaldes".

"Tenemos que ser hondureños natos, hombres bien intencionados, amantes de la paz, señaló, porque es lo que hay en la actualidad en este país. Cueste lo que cueste el gobierno y las fuerzas armadas que forman un solo conjunto están dispuestas a mantener la paz a cualquier precio y todos los hondureños que son bien nacidos debemos trabajar por la paz".

"Vean ahora hasta el periódico del designado sale protestando porque hay una Semana Santa de feriado. Así es cuando nadie nos amenaza, todos gritamos y alzamos la voz para que se vaya al infinito", señaló.

El ministro pidió el apoyo del pueblo, "porque sólo unidos podremos salir adelante" y a los trabajadores solicito la cooperación y a la vez que "olvidemos nuestras diferencias y nos dediquemos únicamente a trabajar".

La Tribuna/6 de abril de 1987

9

PUENTE" AUMENTA LA HARAGANERÍA: EMÍN ABUFELES

**Azcona mal aconsejado por sus asesores*

El fomento a la haraganería y un duro golpe al proceso productivo del país constituye el prolongado feriado de Semana Santa (nueve días), decretado por el Poder Ejecutivo, sostuvo el conocido industrial sampedrano, Emín Abufele.

En tono sumamente molesto, Abufele dijo que el feriado de los "servidores" del Estado desde el viernes 10 hasta el lunes 20 de abril ocasionará pérdidas irreparables.

Abufele, declarado en 1986 el "Empresario del Año", indicó que el presidente José Azcona está recibiendo malos consejos de sus asesores.

"Yo creía que el presidente Azcona, en aras del trabajo, excitaría al Congreso Nacional a que modificara los feriados, para reducirlos de 20 que actualmente tiene el año.

*La Tribuna/*6 de abril de 1987

JOSÉ AZCONA: HONDURAS MANTENDRÁ SU DIGNIDAD

SANTA ROSA DE COPAN.- El presidente José Azcona Hoyo declaró que quienes critican el gobierno y quieren que rompa relaciones con Estados Unidos porque dicen que estamos facilitándoles la agresión a Nicaragua, no piensan en las obras que se están haciendo a través de donaciones del gobierno norteamericano para la estabilización económica.

"Lo importante, recalcó, es mantener la dignidad ciudadana y estar conscientes que Honduras es un país pobre, pero es un país de gente digna, y tengan la completa seguridad que el gobierno que dirijo mantendrá esa dignidad y en alto el principio de que Honduras es un país soberano e independiente".

El mandatario enfatizó que "no vamos a caer en las redes de los que quieren que nosotros nos pongamos a pelear con los gringos o que le hagamos el juego a otra gente, y después llevar a este país a la desesperación por problemas económicos para pescar en río revuelto".

Acotó que jamás va a caer en esa posición y sostuvo que "Dios me ha dado una extraordinaria paciencia", agregando que se equivocaron los que decían que "era intratable como presidente".

"Esta semana recordó, se han resuelto tres problemas. El de la huelga de SEPCAMAT, el conato de huelga en la refinería y está resuelto el problema de SITRAMEDYS, un problema de mil raíces, ¡increíble!... de un sindicato con 30 y tantas seccionales, anarquizado totalmente".

"Pero estamos logrando la solución porque también es justo decirlo, allí había muchos compatriotas que estaban ganando sueldos de 60 lempiras mensuales y eso no es posible", expresó.

El mandatario se refirió a las condiciones de pobreza y atraso de Honduras, calificándolo como "un retraso secular que no será remediado fácilmente pues se agrava con el crecimiento demográfico, situación que hace casi imposible responder a las demandas y necesidades de todos los sectores y población". Anunció la concesión de 350 mil lempiras en subsidios para Santa Rosa de Copán y medio millón de lempiras que se canalizarán a través de AID.

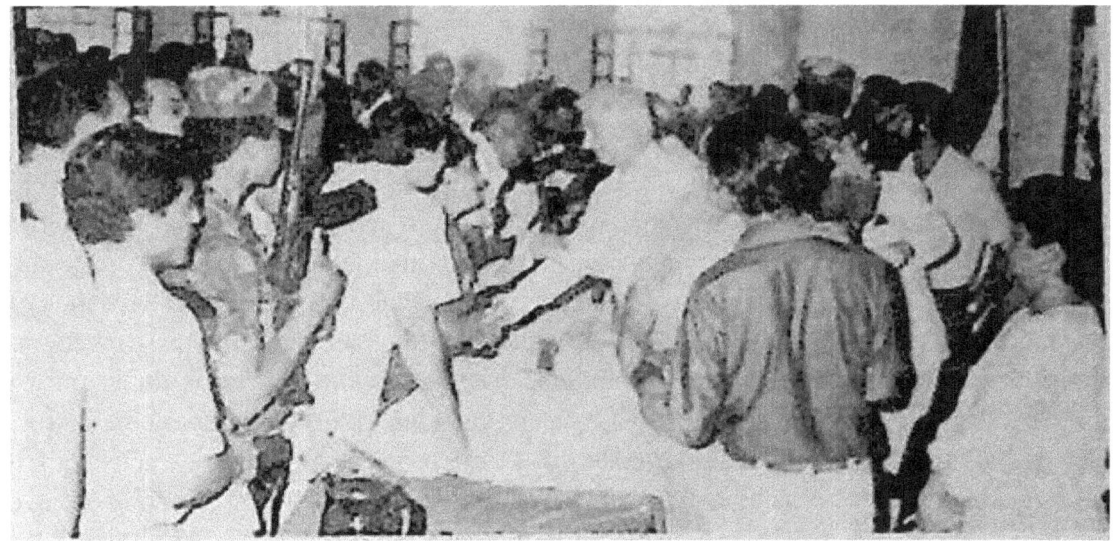

El presidente José Azcona es saludado durante la reunión en Santa Rosa de Copán, donde avaló el convenio para electrificar cuatro municipios.

Tribuna/6 de abril de 1987

A un costo de 50 millones de lempiras

PRESIDENTE FIRMA HISTÓRICO ACUERDO PARA ELECTRIFICACIÓN DE OCCIDENTE

SANTA ROSA DE COPAN.- El presidente Azcona firmó el contrato para la electrificación de tres departamentos del occidente del país a un costo de 50 millones de lempiras, y que beneficiará más de 350 mil personas.

La suscripción del contrato, efectuado el sábado anterior, en Santa Rosa, se llevó a cabo con la empresa Brown Boveri Company de Alemania Federal, y cuyo proyecto será financiado con fondos del Instituto de Crédito para la Reconstrucción del país, mediante el convenio de cooperación financiera existente entre ambas naciones.

La electrificación representa un hito en la historia del país ya que ese sector había sido marginado por los gobiernos que se turnaron en el poder.

La ejecución del proyecto consta de tres etapas. La primera y segunda comprende la zona noroeste y abarcará los municipios de San Juan de Opoa, Santa Rosa de Copán, San José, San Nicolás, Nueva Arcadia, Dulce Nombre de Copán, Trinidad, Florida, Dolores, Concepción, San Antonio, El Paraíso, San Jerónimo, Santa Rita, Copán Ruinas, Cucuyagua, San Pedro y Corquín en el departamento de Copán.

En Lempira, los municipios beneficiados serán San Rafael, La Iguala, Gracias y las Flores, El Naranjito, en el departamento de Santa Bárbara, Lucerna, Sensenti, San Marcos, San Francisco, La Labor y Sinuapa en Ocotepeque.

También abarcará la zona Sur Este en los municipios de El Zamorano, Güinope, Morocelí, Yuscarán, Las Crucitas, Danlí, Jacaleapa, Teupasenti y Ojo de Agua en el departamento de El Paraíso.

En la tercera etapa se electrificarán los municipios de Belén, La Campa, San Manuel y San Sebastián en el departamento de Lempiras; Cabañas, La Unión, La Jigua y Veracruz en Copán; Belén, Gualcho, Concepción, Dolores Merendón, Fraternidad y Santa Fe en del departamento de Ocotepeque.

El alcalde de Santa Rosa Octavio Bueso Pineda, actuó como anfitrión de la histórica creencia.

"Estoy seguro que en esta oportunidad en que hablo a nombre de todos los alcaldes del departamento de Copán, muchas personas nos sentimos íntimamente regocijados porque al fin aquel preciado sueño de lograr la electrificación para beneficio de nuestros pueblos, está tocando el umbral de la realidad; estoy seguro que aquellos que nos constituimos en luchadores para lograr que el gobierno nos hiciera sentir vivos ante la realidad nacional, ahora podremos tomar un respiro en medio de la tarea, porque este proyecto es casi una realidad", dijo en un aparte de su discurso el alcalde de Santa Rosa, Octavio Bueso Pineda.

También hizo uso de la palabra el gobernador político de Copán, Noé Leopoldo Cruz quien se dirigió a los visitantes de la siguiente manera:

"Tenemos la seguridad que ahora ya es una mentira la electrificación del occidente de Honduras, es una realidad porque estamos conscientes de ellos y el paso que estamos dando concretiza mis palabras".

HUÉSPEDES DE HONOR

Para hacer más solemnes los actos dentro de la firma del contrato, el alcalde de Santa Rosa, licenciado Octavio Bueso Pineda, declaró huéspedes de honor al presidente José Azcona, Juan Fernando López, ministro de SECOPT; a Jack Arévalo, gerente general de la ENEE y al representante de la empresa alemana Brown Boveri Company que ejecutará el proyecto.

A los actos de la firma de proyecto de electrificación, además del presidente de la República, asistieron el ingeniero Juan Fernando López, ministro de SECOPT; Octavio Bueso, alcalde municipal de Santa Rosa de Copán; coronel Mario Amaya, comandante del XII Batallón; monseñor Luis A. Santos prelado de la Iglesia copaneca; Carlos Falck, asesor del presidente; Noé Leopoldo Cruz, gobernador de Copán; licenciado Jorge Bueso Arias; Francisco Cardona, representante del BID en Honduras; John Sanbrailo, director AID; Arturo Rendón Pineda, ministro de Cultura y Turismo; el representante de la compañía alemana Brown Boveri Company que ejecutará el proyecto; ejecutivos de la ENEE, entre ellos; Jack Arévalo, gerente general, Oscar Groos, subgerente de operaciones; Marcos Natch, jefe de ingeniería y construcción; Mauricio Mossi, director de Planificación; Luis Marín, secretario ejecutivo, secretario ejecutivo y Fernando Castro Chinchilla, jefe de la División Norte.

El presidente Azcona y su comitiva en Santa Rosa, testigo de la histórica firma del contrato de electrificación del occidente hondureño.

Aprovechando su presencia, uno de los alcaldes de los municipios beneficiados con el proyecto de electrificación, entregó al presidente Azcona un pliego de peticiones, ante lo difícil que representa obtener una cita con el mandatario.

El Casino Social Copaneco se vio abarrotado por alcaldes de los demás municipios, funcionarios de la comitiva presidencial y público en general que quería observar los históricos actos.

*Tiempo/*6 de abril de 1987

[Azcona ante los problemas económicos]

NO NOS VAMOS A SENTAR A LLORAR

SANTA ROSA DE COPAN.- "Todos los hondureños sabemos que el retraso de Honduras no es culpa de este gobierno ni lo ha sido del pasado ni de los anteriores", apuntó ayer aquí el presidente José Azcona Hoyo dentro del marco del acto de la firma de contrato para la electrificación de tres departamentos de Occidente.

Azcona Hoyo argumentó que el retraso de Honduras es secular y que las carencias que ha padecido la hondureñidad no serán remediadas fácilmente, pues se necesita el empeño de todos para resolver los problemas sociales del país.

Expuso que la situación de Honduras ha estado mala siempre, pues los problemas sociales no aparecieron en la actualidad y no datan de hace 5 años, y "esta situación se agrava con el crecimiento demográfico que tenemos en nuestro país".

Explicó que el crecimiento demográfico es de 3.5 por ciento anual por tanto "es bien difícil que nosotros podamos superar esa curva de crecimiento con nuestra curva de desarrollo económico", pero "por eso no nos vamos a sentar a llorar".

Dijo el Presidente que cree que Honduras tiene el suficiente potencial económico para crecer y para que la mayoría de los hondureños vivamos en muchas mejores condiciones de vida, agregando que para lograrlo se necesita educación, cultura y voluntad de trabajo.

"Es necesario elevar la cultura, es necesario elevar la educación para que el pueblo vea la necesidad y trabaje no 2,3,4 horas, sino que tengamos que trabajar 6, 8, 10 horas como han trabajado.

Asimismo, prometió la canalización de ayudas económicas para la instalación local del sistema de agua potable y del alcantarillado en la ciudad de Gracias, departamento de Lempira, y de otras tantas obras que se realizan con donaciones extranjeras.

Dijo que su gobierno es acusado de ser utilizado por el de Estados Unidos para llevar la guerra a Nicaragua, pero que Honduras mantiene su dignidad como país libre e independiente y "no caeremos en la trampa de que nosotros nos pongamos a pelear con los gringos y hacerles el juego a otras gentes que quieren pescar en río revuelto después de llevar al país a la desesperación por problemas económicos".

Luego señaló que "en esta semana se han resuelto tres huelgas. Se resolvió la huelga de SEPCAMAT; se resolvió el conato de huelga en la refinería y está resuelto el problema del SITRAMEDHYS", al que calificó de anarquizado, reconociendo a la vez que algunos trabajadores ganaban 60 lempiras mensuales y que "eso es inhumano".

"Parece que hay infinidad de hondureños que gustan calificar a Honduras como el país más atrasado, pero esta América, señores, no es el continente más atrasado del mundo; América es el continente rico. Tenemos problemas con los países de América, pero no es la pobreza de Honduras comparable a la de otras latitudes del planeta", dijo.

*Tiempo/***6 de abril de 1987**

ÉPOCA DE CAMBIOS PARA HONDURAS: JUAN FERNANDO LÓPEZ

SANTA ROSA, Copán. El titular de la Secretaría de Comunicaciones, Obras Públicas y Transporte (SECOPT). Juan Fernando López, dijo que le causa decepción cuando algunos ciudadanos, que no salen de los alrededores de la Plaza Morazán, nos gritan que este gobierno "no ha arrancado".

Se preguntó el funcionario ¿qué entenderán estos señores por arranque?, ¿será el arranque de un carro?, apuntando a la vez que esto que se está celebrando no es un arranque, sino el inicio y ejecución…

López anunció una época de cambios para Honduras que no había materializado "porque cuando llegamos al gobierno no encontramos maquinaria", pues de lo contrario ya "tendríamos esta zona en otras circunstancias".

Dijo el ministro de Honduras "no es sólo Tegucigalpa", sino la Costa Norte, el Sur, el Occidente, el Oriente y es el Centro", por tanto "las instrucciones del presidente son de atender sin distingos de colores políticos a todos los pueblos de la República".

*Tiempo/*6 de abril de 1987

LA SALUD: UN PUENTE PARA LA PAZ, DICE AZCONA HOYO

El presidente José Azcona Hoyo inauguró el sábado la "Jornada Nacional de Vacunación", destacando que los caminos más nobles y dignos para lograr la paz en el área centroamericana "son aquellos que nos permiten arribar a niveles más altos de bienestar para nuestras poblaciones".

El mandatario, en su discurso a través de una cadena nacional de radio y televisión, recordó que la campaña masiva de vacunación es un plan visionario que desde 1983 iniciaron los Ministros de

Salud de los países centroamericanos, "como un proyecto de mayor alcance en donde la salud se constituiría en un puente para la paz, la consolidación y la comprensión entre los pueblos de América Central y Panamá".

Señaló que la Organización Panamericana de la Salud (OPS), el Fondo de las Naciones Unidas para la Infancia (UNICEF), el Instituto Centroamericano de Nutrición (INCAP), la Agencia para el Desarrollo Internacional (AID) y otros organismos de cooperación, "han jugado un papel coadyuvante de la mayor importancia y el enorme consenso valorativo que los aspectos de salud generan, han permitido que a pesar de los cambios de gobiernos y de autoridades en los países centroamericanos, haya habido no solamente una continuidad en las ideas, sino también un desarrollo más profundo del proceso".

Azcona subrayó que los esfuerzos orientados a garantizar la supervivencia de los niños hondureños han ocupado lugares muy especiales en las acciones emprendidas.

"Este cinco de abril se celebra en Centroamérica un acontecimiento extraordinario: en todos nuestros países va a desarrollarse simultáneamente una jornada masiva de vacunación. A Honduras le corresponde los honores de haber propuesto la idea, de haber contribuido con los textos y las canciones de la promoción y con los diseños de los carteles de publicidad que se distribuirán en la región con este motivo", se agregó.

El presidente Azcona manifestó que la protección de los niños contra las 6 enfermedades inmunoprevenibles que producen mayor daño y mortalidad: la tuberculosis, el tétano, el sarampión, la difteria, la tosferina y la poliomielitis, constituye uno de los componentes más importantes en los esfuerzos de supervivencia infantil.

"Las estadísticas nos siguen demostrando –continuó- que esto es muy efectivo y que hay que continuar haciéndolo en el futuro, en procura de una cobertura mayor hasta hacerse total y sobre la base que los padres entiendan que la vacunación no es solamente una actividad que se ejecuta en días especiales, sino que nuestros centros y los abnegados trabajadores de salud siempre estarán preparados para vacunar sus hijos a lo largo del año".

El mandatario expresó que en 1986 más de un millón de niños logró sobrevivir en el mundo gracias a las inmunizaciones, y que para 1990 "esperamos lograr una inmunización universal en la infancia y salvar así de la muerte por enfermedades prevenibles a unos cuatro millones de niños. Honduras ha venido cumpliendo muy bien con su parte en el deseo de alcanzar el más alto nivel posible".

Instó a todas las empresas periodísticas, televisoras y radiodifusión a acompañar con "decisión en el esfuerzo que, junto a mí, como representante del pueblo, la patria entera les agradecerá".

Al referirse a la situación centroamericana, Azcona hizo hincapié que "el destino nos ha puesto cerca para que procuremos el entendimiento de nuestros problemas comunes y que busquemos soluciones conjuntamente. Los puentes de solidaridad que se han venido creando a través de la salud, sin duda pueden construirse también en otras dimensiones de nuestras realidades sociales y económicas".

"Por primera vez, este año, lo que hasta ahora habían sido acuerdos nacionales para la supervivencia infantil se convierten en acciones simultáneas con una causa común: lograr que nuestros niños tengan menos razones para enfermar o morir y mayores oportunidades para desarrollarse y convertirse en fuerza creadora del porvenir", añadió.

"Todos los esfuerzos que se hagan para proteger nuestras nuevas generaciones serán la mayor garantía de una mejor sociedad centroamericana, pero ningún éxito podrá asegurarse, definitivamente, sin la participación masiva del pueblo centroamericano, y no abrigamos ninguna duda, que esta vez, como siempre la conciencia de la región movilizará todos nuestros recursos en función de la vida de nuestros niños", concluyó. (TDG).

Tiempo/6 de abril de 1987

[Sobre Campaña de Vacunación]

SECRETARIO DE SALUD DE MARRUECOS DIALOGA CON EL PRESIDENTE AZCONA

El secretario general del Ministerio de Salud de Marruecos, Mustapha Akmisse, y otros personeros que participaron en la inauguración de la Campaña de Vacunación Infantil se entrevistaron ayer en la Casa de Gobierno con el presidente José Azcona Hoyo.

Akmisse declaró que su conversación con el presidente Azcona fue fructífera porque le transmitió al gobernante hondureño los saludos del Rey Hassan.

Agregó el visitante que en los próximos meses su país tendrá una jornada de vacunación similar a la iniciada el pasado domingo en Honduras y que las experiencias observadas acá servirán de mucho para la actividad que se piensa desarrollar en Marruecos.

Akmisse visitó algunos lugares del departamento de Copán en el curso de la inauguración de la Campaña Nacional de Vacunación. En su gira acompañó al director ejecutivo del Fondo de las Naciones Unidas para la Infancia (UNICEF), James Grant.

El funcionario marroquí elogió la forma en que el gobierno de Honduras y demás fuerzas vivas del país llevaron a cabo la vacunación masiva de menores y añadió que "el aprendizaje obtenido servirá para garantizar el éxito de nuestra campaña".

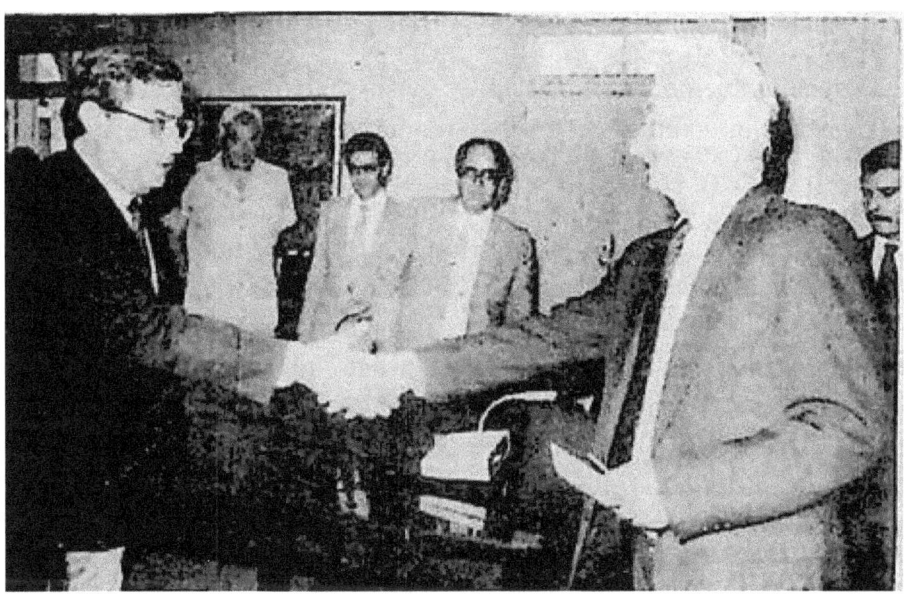

17

Uno de los funcionarios extranjeros que participaron en la Campaña de Vacunación saluda al presidente Azcona en presencia del secretario de Salud de Marruecos (al centro, de lentes).

*El Heraldo/*7 de abril de 1987

FUNCIONARIOS MARROQUÍES SE ENTREVISTAN CON AZCONA

TEGUCIGALPA.- Un grupo de ciudadanos marroquíes, encabezados por el secretario general del ministerio de salud, doctor Mustapia Akhmise, se entrevistaron ayer con el presidente José Azcona Hoyo a quien le expresaron su admiración por la forma en que se desarrolló la campaña masiva de vacunación.

Akhmise dijo que otro de los objetivos de la visita a casa de gobierno era para patentizarle al gobernante Azcona el saludo especial que le enviaba el rey Hassan II, de Marruecos.

El funcionario marroquí dijo que se van impresionados de la forma en que se practicó la campaña de vacunación en Centroamérica razón por la cual ellos están dispuestos a ejecutar una similar.

"La jornada ha sido una experiencia muy bella para nosotros y hemos aprovechado la oportunidad para conocer de cerca el éxito adquirido", puntualizó el secretario general del Ministerio de Salud de Marruecos.

"Los marroquíes, agregó siguen con mucho interés el desarrollo socioeconómico de Honduras", según los informes que aquel gobierno recibe de su representación diplomática acreditada en nuestro país.

*La Prensa/*7 de abril de 1987

MARRUECOS RECOGE LA EXPERIENCIA HONDUREÑA EN VACUNACIÓN MASIVA

Una delegación del gobierno de Marruecos que visitó el país para observar la jornada nacional de vacunación realizada el domingo anterior se reunió ayer con el presidente José Azcona, para entregarle saludos de parte del rey Hassan II.

Mustapha Akhmisse, secretario general del Ministerio de Salud Pública de Marruecos, quien presidió la delegación, dijo que su país sigue con mucho interés el desarrollo socioeconómico que se está llevando en Honduras y en esta región del mundo.

Indicó que el propósito de la presencia de la delegación marroquí en Honduras fue conocer la experiencia de las jornadas de vacunación del domingo anterior simultáneamente en todos los países de Centroamérica, Belice y Panamá.

"La jornada de vacunación ha sido una experiencia muy buena para nosotros porque hemos aprovechado enormemente el desarrollo de estos programas, conociendo los éxitos y problemas de la misma ya que en Marruecos vamos a tener por primera vez una jornada de vacunación masiva como la efectuada aquí", expresó.

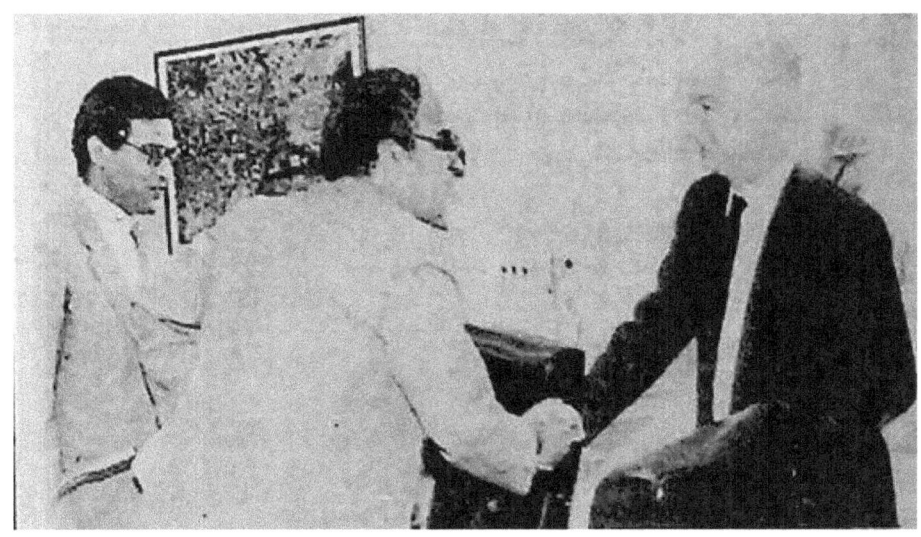

El presidente José Azcona recibe al secretario general del Ministerio de Salud de Marruecos, Mustapha Akhmisse, quien le trajo un saludo de parte del rey Hassan II. (*Foto de Aquiles Andino*).

Tribuna/7 **de abril de 1987**

No más candiles ni "ocholes" de ocote:

SUSCRITO CONTRATO PARA ELECTRIFICAR 43 COMUNIDADES DEL OCCIDENTE DEL PAÍS

SANTA ROSA DE COPAN. - (Por Adelmo Argueta). - Cuarenta y tres comunidades de cuatro departamentos del Occidente del país, con una población de 350,000 habitantes, serán beneficiadas con el sistema de electrificación que a corto plazo llevará a cabo el gobierno en esta región y cuyo contrato de ejecución fue suscrito el sábado en Santa Rosa de Copán por el presidente de la República, ingeniero José Azcona Hoyo, y ejecutivos de la empresa alemana Brown Boveri Company (BBC).

El costo de este importante proyecto es de 50 millones de lempiras y será financiado con fondos del Instituto de Crédito para la Reconstrucción "Kreditanstalt Fur Wiederafba", mediante el convenio de cooperación financiera existente entre los gobiernos de Alemania y Honduras.

Las comunidades que se beneficiarán con este proyecto y cuyos habitantes han venido alumbrándose con candiles y "ocholes de ocote" desde hace muchas décadas, lo que no ha permitido su desarrollo económico y social, están San Juan de Opoa, Santa Rosa de Copán, San José, San Nicolás, Nueva Arcadia, Dulce Nombre, Trinidad, Florida, Dolores, Concepción, San Antonio, El Paraíso, San Jerónimo, Santa Rita, Copán Ruinas, Cucuyagua, San Pedro Corquin, en el departamento de Copán.

En el departamento de Lempira recibirán el beneficio de la energía eléctrica (en su primera y segunda etapa) San Rafael, La Iguala, Gracias y Las Flores, El Naranjito, en Santa Bárbara y las comunidades de Lucerna, Sensenti, San Marcos, San Francisco, La Labor y Sinuapa, en Ocotepeque; aunque se anunció que en una tercera etapa se electrificarán los municipios de Belén, La Campa, San Manuel y San Sebastián, en el departamento de Lempira; y Cabañas, La Unión, La Jigua y

Veracruz, en Copán; Belén Gualcho, Concepción, Dolores Merendón, Fraternidad y Santa Fe en Ocotepeque.

UN ACTO HISTÓRICO

El mandatario hondureño fue recibido apoteósicamente por millares de hombres, mujeres y niños en el parque de Santa Rosa de Copán y desde allí, acompañado de su comitiva, se dirigió a pie hasta el Casino Copaneco donde se llevó a cabo el acto de suscripción del contrato de electrificación del Occidente de Honduras.

El alcalde municipal, licenciado Octavio Bueso Pineda, en nombre del pueblo y de la Alcaldía de Santa Rosa de Copán entregó pergaminos especiales, declarando "Huéspedes Distinguidos" al mandatario hondureño; al ministro de Comunicaciones, Obras Públicas y Transportes, ingeniero Juan Fernando López; al gerente general de la Empresa Nacional de Energía Eléctrica (ENEE), ingeniero Jack Arévalo Fuentes y a los señores Arnoldo Oberholzer, Javier Iloret, Franz Schmid y Fernando García, de la empresa Brown Boveri Company (BBC).

El alcalde santarroseño, Bueso Pineda, catalogó el acto como histórico, pues dijo que "esta región occidental hasta el momento no había sido debidamente tomada en cuenta como un polo de desarrollo de Honduras, siendo sus vastas tierras tan productivas y sus moradores, hombres que se dedican tesoneramente al trabajo y sabemos que un gran complemento del desarrollo integral de cualquier país es el contar con la infraestructura que modernamente permite la tecnificación para que el avance, el desarrollo y el progreso tengan la fluidez que demanda cualquier nación".

Tras agradecer al gobierno de Azcona Hoyo su preocupación por el progreso de Occidente, Bueso Pineda dijo que el proyecto de electrificación coadyuvará al desarrollo de los 350,000 habitantes de la zona y mejorará indudablemente nuestro sistema de vida en la agricultura, ganadería, industria y el consumo hogareño".

Arnoldo Oberholser, representante de la BBC, manifestó su agradecimiento al gobierno y al gerente de la ENEE y sus asesores por haberle confiado a esa empresa la ejecución del proyecto de electrificación, el cual dijo tratarán de ejecutarlo en el tiempo señalado en el contrato.

El gerente de ENEE, Jack Arévalo, señaló que el ingeniero Azcona Hoyo, en su primera sesión de trabajo, solicitó a los ministros y titulares de las instituciones gubernamentales de servicio que hicieran un inventario de las promesas que hizo en su campaña proselitista, a fin de cumplir con lo prometido, añadiendo que la electrificación de Occidente es una respuesta contundente que el mandatario está cumpliendo con todo lo que prometió al pueblo.

Hizo una reseña sobre el sinnúmero de proyectos de electrificación que la ENEE ha ejecutado, está realizando y tiene en mente llevar a cabo, al tiempo que aseguró que "hemos sido atacados por individuos que tratan de obstaculizar el plan de trabajo trazado por el ingeniero Azcona".

LA TRANSFORMACIÓN

Por su parte, el ministro de SECOPT, Juan Fernando López, con su singular lenguaje dijo que "nos causa decepción cuando un ciudadano utiliza las plazas públicas para decir que este gobierno no ha arrancado", ¿"qué entenderán estos individuos por arranque? será que lo conciben como arrancar un carro", se preguntó para luego decir que el actual gobierno está llevando la transformación, a través de obras de gran envergadura, a los departamentos que han permanecido olvidados".

Expresó que SECOPT acaba de poner en licitación la compra de 60 millones de equipo de mantenimiento e invitó a los alcaldes de Occidente para que lleguen a su despacho a solicitar ayuda para realizar cualquier obra de infraestructura y que las autoridades de la Dirección de Caminos visitarán las comunidades de Occidente para ayudarles a mejorar sus carreteras. Asimismo, dijo que con el apoyo financiero de AID-SECOPT atenderá un buen número de proyectos viales que llevarán al desarrollo al país y más adelante apuntó que "los huelguistas sindicalistas son el componente más negativo para el desarrollo de Honduras", para luego añadir que "atrás de la cortina de hierro a estos individuos los hubieran llevado al paredón…"

En su discurso el presidente Azcona Hoyo solicitó el apoyo de toda la hondureñidad para sacar del atraso al país y dijo que, aunque la economía es más baja que el crecimiento poblacional "no nos vamos a poner a llorar, sino que a trabajar". Más adelante señaló que pese a todo, Honduras tiene suficiente potencial económico y que lo que se necesita es voluntad de trabajar.

Prometió que la electrificación se llevará a todo el país, así como la educación, la cultura, y el bienestar de todos los hondureños. También dijo que los problemas del agua de muchas comunidades serán resueltos y que a través del Programa de Estabilidad Económica se llevarán a cabo muchas obras de progreso.

En los actos estuvieron presentes el rector de la Diócesis de Copán, monseñor Luis Alfonso Santos; el comandante del XII Batallón de Infantería, teniente coronel Mario Amaya; el ministro asesor de la Presidencia, Carlos Falck; el ministro de Cultura y Turismo, Arturo Rendón Pineda; el director de la AID en Honduras, John Sambrailo; los alcaldes de Copán, Ocotepeque y Lempira e invitados especiales.

Ingeniero José Azcona Hoyo: "No nos van a echar a pelear con los gringos ni con ningún otro país….".

El señor Arnoldo Oberholzer

*La Prensa/*6 de abril de 1987

Los amigos de la paz lo desean, pero...
"NO NOS VAN A ECHAR A PELEAR CON LOS GRINGOS NI CON NADIE": AZCONA

SANTA ROSA DE COPÁN. (Por Adelmo Argueta). - El mandatario José Azcona Hoyo, manifestó que los Estados Unidos de Norteamérica está apoyando, a través de importantes subsidios, el Programa de Estabilidad Económica del actual gobierno, pero que hay gente interesada en que Honduras rompa sus relaciones y entre en conflicto con la nación del norte "lo cual no lograrán", aseguró.

"No vamos a caer en esa red y no nos vamos a poner a pelear con los gringos y con ningún otro país, pues lo que quieren es pescar en río revuelto", acotó Azcona Hoyo, para luego manifestar que Honduras es un país con dignidad y que no está prestando su territorio para invadir a Nicaragua, tal y como lo propalan quienes no desean la paz en nuestro país.

Dijo el presidente de los hondureños que la región occidental es muy importante para el desarrollo de Honduras y señaló que el atraso de nuestro país no ha venido de este y ni de los anteriores gobiernos, "es un atraso secular y no será remediado sino con el concurso de todos los hondureños", anotó.

La economía del país ha permanecido desde hace cinco años, tal y como se muestra actualmente, dijo, es decir, que existe un diferencial con el crecimiento poblacional anual (que es grande), "pero no nos vamos a poner a llorar por esta situación, sino que nos pondremos a trabajar".

Manifestó que para llevar el desarrollo de las comunidades el gobierno ya ha firmado con el Banco Internacional de Desarrollo (BID) un préstamo de más de 200 millones de dólares, para realizar obras de gran envergadura, especialmente nuevas carreteras y proyectos de agua potable.

SE HAN EQUIVOCADO

Dijo el presidente de la República que se han equivocado los que decían que Azcona Hoyo no iba a ser tratable, pues afirmó que, a través del diálogo, que es el camino más expedito para resolver los problemas que surgen en el país, se han resuelto ya los conflictos huelguísticos en la Refinería Texaco, SECOPT y en el SITRAMEDHYS. Sobre esto último manifestó que era justo decirlo que en algunos hospitales "había compatriotas que estaban ganando un salario de 60 lempiras.

*La Prensa/*6 de abril de 1987

INSTALARÁN PLANTA GEOTÉRMICA

TEGUCIGALPA. - Una planta generadora de energía geotérmica, a base de vapor, se instalará próximamente en Santa Rosa de Copán, por lo que ya se iniciaron los trabajos de perforación de pozos, informaron ayer funcionarios de la Empresa Nacional de Energía Eléctrica (ENEE).

El subgerente de operaciones de esa entidad, ingeniero Oscar Gross, dijo a LA PRENSA que las perspectivas "son muy buenas para contar con un recurso adicional de energía eléctrica que tendrá conexión con la red nacional que se alimenta del proyecto hidroeléctrico de El Cajón".

El funcionario dijo que en estos momentos se hacen los estudios para determinar en la zona aledaña a la cabecera departamental de Ocotepeque, el potencial de energía geotérmica", que en un inicio estaría beneficiando a los pobladores de occidente.

El sábado anterior, el Presidente de la República y las máximas autoridades de la ENEE, de la Secretaría de Comunicaciones, Obras Públicas y Transporte, inauguraron un nuevo proyecto de electrificación en esa zona cuyo costo original será de 50 millones de lempiras.

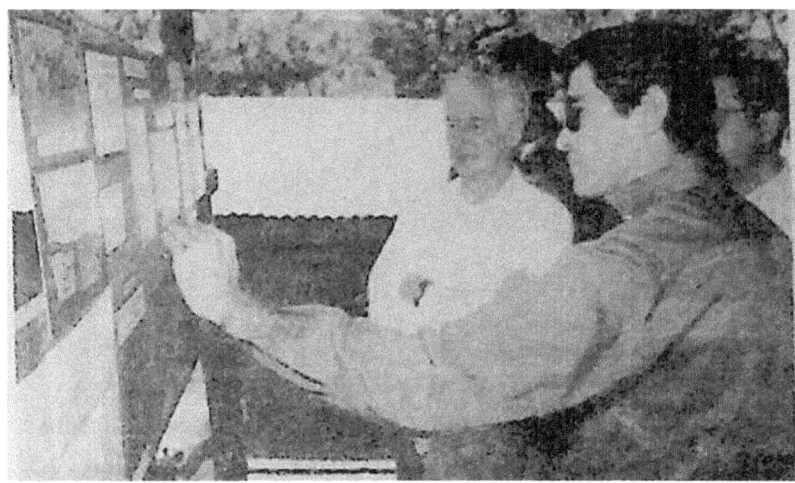

El presidente de la República, ingeniero José Simón Azcona Hoyo, revisó los planos de un pozo de perforación para aguas termales en El Platanar, Copán. *(Foto Aulberto Salinas).*

*La Prensa/*7 de abril de 1987

REY DE MARRUECOS SALUDA A AZCONA

TEGUCIGALPA.- Una delegación de Marruecos transmitió ayer al presidente José Azcona Hoyo un saludo del Rey Hassan II, después de que observaron la jornada de vacunación masiva que se llevó a cabo el domingo pasado en el país.

El secretario general del Ministerio de Salud de Marruecos, Mustapha Akhmise, dijo que la jornada de vacunación fue "una experiencia muy bella para nosotros, hemos aprovechado el conocer muy de cerca cómo se desarrolló la jornada y los problemas de este país, dado que nosotros vamos a tener dentro de unos meses en Marruecos, por primera vez, una jornada de vacunación".

Akhmise expresó que al presidente Azcona "le hemos transmitido de nuestro Rey Hassan II saludos muy calurosos. Los marruecos siguen con mucho interés el desarrollo socio-económico que se está llevando a cabo en Honduras". (TDG)

Tiempo/7 **de abril de 1987**

GOBIERNO INAUGURA IMPORTANTES OBRAS DE RIEGO EN LA ZONA SUR

* Más de 400 campesinos se benefician con los sistemas de riego.

* AID y Naciones Unidas contribuyen financieramente en las obras.

* Limón de la Cerca, Eduardo Tróchez, El Jobo y San Rafael de las Basas, representan una alternativa para la región como proyectos pilotos.

* Obras de riego forman parte del plan operativo que el Presidente de la República, ingeniero José Azcona H. ejecuta en la región sur.

* Rodrigo Castillo: Secretaría de Recursos Naturales incrementará asistencia técnica en zona sur.

Para hacerle frente en gran medida a los embates que sufren los campesinos de la zona sur, el ministro de Recursos Naturales, Rodrigo Castillo Aguilar, en representación del Presidente de la República, ingeniero José Simón Azcona Hoyo, inauguró recientemente cuatro sistemas de riego que vendrán a beneficiar substancialmente a más de 400 trabajadores del campo en Choluteca y Valle.

Se trata de los proyectos "Limón de la Cerca", "Eduardo Tróchez" y el "Jobo" afiliados a la Unión Nacional de Campesinos (UNC) y "San Rafael de las Basas" de la Asociación Nacional de Campesinos de Honduras (ANACH).

Las obras inauguradas forman parte del Plan Operativo que contempla el actual gobierno en esa región a través de la Dirección General de Recursos Hídricos, dependencia de la Secretaría de Recursos Naturales y con el apoyo de la Organización de las Naciones Unidas para la Agricultura y la Alimentación (FAO), el Programa de las Naciones Unidas para el Desarrollo (PNUD) y la Agencia Internacional para el Desarrollo (AID), del gobierno de los Estados Unidos.

EL SUR ARRASADO POR LOS EMBATES DE LA NATURALEZA

El ministro Castillo Aguilar, al inaugurar los sistemas resaltó la problemática climatológica que año a año sufre la región sur del país, a consecuencia de los embates de la naturaleza y que repercuten en las diferentes actividades de los hombres que conviven en estas zonas.

En ese sentido el titular del sector Púbico Agrícola, señaló que el Gobierno constitucional del ingeniero José Azcona en una forma paulatina y progresiva va a lograr con pequeños y grandes sistemas de riego un mayor nivel en la producción y con ello mejorar el nivel de vida del campesino hondureño.

Castillo Aguilar, hizo énfasis al manifestar que la acción del gobierno no se va a quedar plasmada solamente con estas cuatro obras, sino que seguirán siempre adelante conforme al plan operativo de trabajo diseñado por las altas autoridades.

COLABORACION DE ORGANISMOS INTERNACIONALES ES DECISIVA

El ministro les recordó a los campesinos que "con la ayuda beneficiosa de los organismos internacionales que han participado en la ejecución de estos sistemas es decisiva para lograr las metas planificadas por el Gobierno central".

Comentó, además, que la parte más importante la deben poner los asociados que conforman los grupos campesinos beneficiados directamente con los mencionados proyectos, es decir, deseo, sacrificio y trabajo para que estas obras puedan proliferar por los distintos rincones del país.

También el alto funcionario recalcó ante los presentes que este acto es una prueba palpable que el Gobierno de la República está invirtiendo los fondos de los organismos internacionales en la clase marginada y que estas obras son parte de ello.

UN PROYECTO PILOTO

Asimismo, acotó que los "proyectos complementan las acciones de las demás instituciones especializadas del sector agrícola y que destinan sus mejores esfuerzos para lograr el desarrollo agropecuario".

Recalcando que "los sistemas pilotos cubren actividades tendientes al desarrollo agrícola tales como preparación de estudios de inversión, planificación de fincas, crédito, mercadeo, rehabilitación y construcción de sistemas de riego, los cuales indudablemente serán piezas claves en el fomento a nivel nacional de la agricultura bajo riego".

Por su parte, Carlos Bastanchuri, representante en Honduras de FAO, dijo que "estas obras constituyen un bastión muy importante para la diversificación de productos como la fruticultura, horticultura y otras actividades nuevas que han de generar a corto tiempo mano de obra".

Asimismo, van a contribuir a generar mayor eficiencia y productividad en las diferentes actividades agrícolas a las cuales se dedican permanentemente los beneficiados de estos nuevos sistemas".

Las construcciones se orientan a que los favorecidos rompan los lazos de dependencia de los factores climáticos, especialmente lo relacionado a la mala distribución de las lluvias que enfrentan los departamentos de Choluteca y Valle.

En base a esta situación se edificaron los sistemas de aprovechamiento de agua, apoyados por asistencia técnica y crediticia supervisada por el Estado y contraparte internacional.

Las principales faenas productivas a que se dedican los labriegos son a la siembra del melón, sandía, hortalizas y otros cultivos propios de la zona sur.

Ministro de Recursos Naturales, profesor Rodrigo Castillo Aguilar.

Más de 40 hondureños están siendo beneficiados con la puesta en marcha de los sistemas de riego de Choluteca y Valle. *(Foto Napo Borjas).*

El ministro de Recursos Naturales Rodrigo Castillo Aguilar, supervisa el comportamiento de los sistemas de riego. *(Foto Napoleón Borjas).*

EDITORIAL
ELECTRIFICACIÓN DE OCCIDENTE

El señor Presidente de la República, Ingeniero José Azcona Hoyo, suscribió a finales de la semana pasada, un convenio con la firma alemana Brown Boveri Company, para la electrificación de las zonas Nor-Oeste y Sur-Este de nuestro país, a un costo de 50 millones de lempiras.

Según las informaciones que se dieron en el momento de la formalización del convenio, el financiamiento se hará con fondos del Instituto de Crédito para la Reconstrucción (Kreditanstalt FurWeiderafbau) mediante la instrumentalización del Convenio de Cooperación Financiera, suscrito por los gobiernos de Honduras y Alemania.

Creemos que es hora de acreditarle al gobierno del Ingeniero Azcona Hoyo, un acierto de extraordinaria importancia para el desarrollo de la zona occidental del país, otrora abandonada a su suerte.

Las pocas obras ejecutadas en toda esa vasta zona que colinda con el territorio de la República de El Salvador, no han alcanzado las dimensiones de ésta, porque han carecido de la proyección que tiene la electrificación de la zona occidental del país, de donde puede surgir el despertar de la rica región, dedicada fundamentalmente al cultivo de tabaco.

En su mensaje a los habitantes de Santa Rosa de Copán, el señor presidente dijo que "el retraso de Honduras no es culpa de este gobierno, ni del pasado ni de los anteriores, el retraso de Honduras es secular, las carencias que ha padecido el pueblo hondureño no serán remediadas fácilmente, si no es con el empeño de todo este pueblo".

Según el mandatario, la situación económica nacional "no es que esté mal, ni ha estado mal en los últimos 5 años, ha estado mal siempre y se agrava con el crecimiento demográfico del 3.5 por ciento anual".

A fin de que tomen conciencia los cercanos colaboradores del mandatario, éste hizo referencia a lo anterior, no con el objetivo de que todos nos sentemos a llorar, sino para que superemos los escollos del camino democrático y para que aprendamos a valernos por nosotros mismos, aprovechando los recursos de que nos ha dotado la naturaleza.

Con la inauguración del Proyecto Hidroeléctrico de "El Cajón", Honduras no solamente está en capacidad de autoabastecerse con el fluido eléctrico que generan las turbinas de ese proyecto, el más grande y costoso que se ha ejecutado en los países centroamericanos, sino que estamos vendiendo la electricidad a varios países, cuya facturación se paga en dólares.

Con lo cual cubre parcialmente las amortizaciones a su voluminosa deuda con la banca internacional, no podemos olvidar que en las principales ciudades del país, la iluminación de barrios marginales y zonas retiradas del centro de las metrópolis, carecen de un eficiente alumbrado público, razón por la cual consideramos que la tarea planificadora de la Empresa Nacional de Energía Eléctrica, tiene que estar orientada a la satisfacción de las necesidades primarias de nuestras ciudades, como es el caso de la propia capital de la república que, debido a su desorbitado crecimiento poblacional, como receptáculo que es de la permanente emigración del campo a la ciudad, exige una mejor y mayor atención por parte de la ENEE.

Si abaratamos la energía eléctrica, podríamos reducir infinidad de productos de consumo popular, lo que permitiría estirar los lempiras, a manera de que las familias pobres tuvieran una capacidad mayor para resolver sus problemas de alimentación y vestido, de producción, como del factor multiplicador que se manifiesta en todos los campos de la economía.

El señor presidente manifestó acertadamente que nuestros problemas de índole económica tenemos que resolverlos con la colaboración de todos, porque en verdad no es exclusivo del gobierno, ni de la empresa privada la solución de aquellos, es una tarea que a todos nos compete, de acuerdo a nuestra propia ubicación en la sociedad.

Es por eso que los funcionarios de la ENEE, debieran recoger el pensamiento de Azcona Hoyo y materializarlo en la medida de lo posible, sobre todo cuando dijo en Santa Rosa de Copán que teníamos "que electrificar a Honduras para que los niños puedan estudiar en la noche, para que los hombres revisen sus cuentas después de las faenas diarias". También se requiere la electricidad en zonas pobladas y ricas por su tierra y la proximidad a las vías de comunicación terrestre, fluvial o marítima, a fin de que los capitales fluyan hacia esos sectores y se inviertan en empresas varias que generen empleo y vida para nuestros pueblos.

Sin ignorar los enormes compromisos financieros que se contrajeron con la contratación del Proyecto de El Cajón, ni tampoco los que se han estado suscribiendo para nuevos proyectos de energía eléctrica, creemos que debiera estudiarse la rebaja del suministro de fluido eléctrico para consumo hogareño, lo que generaría bienestar para millares de familias, atenazadas por el hambre y la pobreza.

*El Heraldo/*6 de abril de 1987

AZCONA VISITARÁ EL 24 DE MAYO EL ESTADO DE ISRAEL

El presidente José Azcona Hoyo viajará al Estado de Israel el próximo 24 de mayo para corresponder a una invitación que le fuera formulada por el gobierno de ese país hace algunos meses, informó ayer el vocero presidencial, Marco Tulio Romero.

El funcionario añadió que el presidente hará una escala técnica en Holanda y que la visita del mandatario a Israel seguramente derivará en un incremento de la asistencia que actualmente ofrece para el desarrollo de Honduras.

Romero indicó que, entre otros funcionarios, acompañarán al presidente el canciller Carlos López Contreras y el Comandante en Jefe de las Fuerzas Armadas, general Humberto Regalado Hernández.

Informó además que el gobernante viajará unas dos veces más a Europa en 1987 y 1988 puesto que también ha sido invitado por varios miembros de la Comunidad Económica Europea.

*El Heraldo/*6 de mayo de 1987

FORO POLITICO
GOBIERNO REDUJO EL PUENTE
COMUNICADO DE PRENSA
El Poder Ejecutivo ha decidido tomar en consideración los ponderados razonamientos de algunos dirigentes bancarios, empresariales y sindicales para modificar el feriado de dos días que a

cuenta de las vacaciones se había decretado para los empleados públicos con motivo de la Semana Santa.

Pero el gobierno rechaza enfáticamente las irracionales, feroces e infundadas críticas formuladas por algunas personas sobre este asunto.

El gobierno había decretado adelantar a cuenta de vacaciones sólo los días lunes y miércoles 13 y 15 de abril, respectivamente, ya que el 14 del mismo mes es feriado nacional por ser Día de las Américas y no hay ninguna disposición legal para moverlo a otra fecha.

Es evidente que se interpretó antojadizamente el decreto según el cual el gobierno adelantaba únicamente dos días de feriado que serían descontados de las vacaciones que legalmente le corresponde a cada uno de los servidores públicos.

Por lo anterior queda establecido que sólo se concede como feriado el Miércoles Santo, que será deducido de las respectivas vacaciones.

Tegucigalpa, F.M., 6 de abril de 1987

SECRETARIA DE PRENSA DE LA PRESIDENCIA DE LA REPUBLICA

*La Tribuna/*7 de abril de 1987

Presidente del COHEP
AZCONA OYE A SU PUEBLO

El máximo dirigente del Consejo Hondureño de la Empresa Privada (COHEP), Jorge Gómez Andino, afirmó ayer que el presidente José Azcona "es un mandatario sensible que oye a su pueblo, pues ante la oposición generalizada del largo feriado de Semana Santa para los empleados públicos ha rectificado".

El dirigente empresarial sostuvo que fue una buena acción la del mandatario decidir que los empleados públicos laboren el lunes santo y después tomen sus vacaciones de semana mayor, "lo que demuestra que Azcona no dice esta mula es mi macho y punto, sino que escucha a la gente".

Indicó que desde el año anterior la empresa privada consideró que los feriados deben reducirse a unos cinco al año, "porque en este país hay demasiados y algunos de ellos sólo se han decretado para congraciarse con algunas personas y únicamente contribuyen a fomentar la haraganería".

Gómez Andino dijo que en los próximos meses se van a reunir con los dirigentes de las organizaciones laborales y representantes del gobierno para revisar los feriados y llegar a un acuerdo de establecer únicamente cinco días de asueto al año.

En la actualidad los trabajadores hondureños gozan de 11 días de feriado por fiestas nacionales y religiosas que sumados a las vacaciones legales de cada uno significa que los hondureños laboran menos de 11 meses al año.

JORGE GOMEZ ANDINO

La Tribuna/7 de abril de 1987

Cede Azcona ante presiones
ASUETO DE LOS EMPLEADOS PÚBLICOS COMENZARÁ HASTA EL MARTES SANTO

El presidente José Azcona Hoyo cedió ayer a las presiones de la empresa privada y de algunos medios de comunicación al rectificar su anterior decisión de conceder asueto a los empleados públicos durante los días lunes y miércoles de la Semana Santa.

De conformidad al nuevo acuerdo gubernamental emitido ayer, los servidores del Estado deberán presentarse a sus labores el día lunes santo y comenzar a gozar su período vacacional a partir del miércoles, dado que el martes 14 es feriado nacional por celebrarse en esa fecha el Día de las Américas.

El acuerdo en referencia indica que el gobierno solamente concederá como día de asueto el miércoles 15, el que será descontado de las vacaciones que le corresponden normalmente a cada trabajador.

La decisión del presidente Azcona de conceder asueto los días lunes y miércoles había sido duramente adversada por la Asociación Nacional de Industriales (ANDI) y otros grupos empresariales, incluyendo algunos medios de comunicación.

Sin embargo, la nueva medida tendría poca efectividad porque muchos de los servidores públicos probablemente harán sus maletas desde el próximo viernes para irse a los lugares de recreo, por considerar que pueden faltar un día a sus labores a riesgo de la deducción correspondiente.

31

Por otra parte, será muy poco el trabajo productivo que puedan hacer el lunes ya que la gran mayoría de ellos se dedicará a hacer planes de viaje y abastecerse de lo necesario para los días grandes de la Semana Mayor.

Azcona Hoyo

El Heraldo/7 de abril de 1987

Admite Elvir Colindres:
RECONSIDERACIÓN SE DEBIÓ A LAS CRÍTICAS

El anunciado feriado de Semana Santa para los empleados públicos fue reconsiderado por el gobierno de José Azcona Hoyo debido a las opiniones de la empresa privada hondureña, que fueron las más constantes en oponerse al prolongado asueto para los burócratas.

Así lo confirmó ayer el ministro de Gobernación y Justicia Raúl Elvir Colindres, luego de convertirse en el primer alto funcionario en frustrar el extenso descanso que ya comenzaban a programar los servidores del Estado diseminados en todo el país.

Elvir Colindres dijo que el presidente Azcona Hoyo es "muy permeable" a los argumentos vertidos por algunos sectores y de acuerdo a esa situación, "él ha considerado" con cierto valor los cuestionamientos de la empresa privada nacional, subrayó.

Sin embargo, el titular de Gobernación y Justicia sostuvo que muchas de las críticas que motivó el feriado de nueve días están "fuera de lugar" porque con dos días que hubieran dejado de trabajar los empleados públicos, en ningún momento se afectaría a la economía nacional.

El funcionario explicó que el próximo lunes santo se presentarán a sus respectivos trabajos, pues únicamente el miércoles tendrán feriado, el cual deberá ser deducido del período vacacional de cada uno de los beneficiados con el prolongado asueto.

Elvir Colindres precisó que cada dependencia gubernamental tomará las medidas pertinentes, orientadas a sancionar aquellos servidores del Estado que decidan irse a "descansar" a partir del próximo viernes y desistan de presentarse a sus centros de trabajo el lunes venidero.

32

De acuerdo a las declaraciones del ministro de Gobernación y Justicia, los cuestionamientos formulados por empresarios hondureños a través de sus máximos dirigentes, constituyen la causa fundamental para la reconsideración estatal con respecto al referido asueto.

El Heraldo/7 de abril de 1987

AZCONA APRUEBA CONSTRUCCIÓN DEL PROYECTO SOBRE EL RÍO CHOLUTECA

El presidente José Azcona Hoyo dio por fin el visto bueno para la realización del proyecto de riego de la cuenca del río Choluteca al autorizar el envío de una nota para que el gobierno japonés estudie la posibilidad de financiar la obra.

El diputado liberal Antonio Ortez Turcios, representante de la zona sur del país, indicó ayer que la decisión del presidente Azcona permitirá que la construcción de la obra se inicie en noviembre de 1988 y que los trabajos estén concluidos en 1994.

"Si el presidente Azcona no hubiera tomado la decisión de construir esa obra hubiéramos sufrido un desfase de uno o dos años que elevarían sustancialmente el costo de los trabajos", dijo Ortez Turcios al indicar que se invertirán unos 300 millones de lempiras en el citado proyecto.

Agregó que la primera etapa del proyecto permitirá el riego de 17 mil hectáreas en la zona sur y que además solucionará en parte el problema del agua potable en Tegucigalpa y la generación de mayor cantidad de energía eléctrica para los departamentos aledaños.

El diputado sureño sostuvo que la petición de apoyo financiero, que se eleva a 300 millones de lempiras, fue cursada al embajador de Japón en Tegucigalpa y confió en que el parlamento de aquel país acceda a aprobar el préstamo necesario para el desarrollo de la obra.

En ese sentido, sostuvo que el gobierno de Honduras apenas pondrá una contraparte de 20 millones de lempiras y que el préstamo podría ser contratado en definitiva en los meses venideros, cuando el presidente Azcona lleve a cabo una gira por Europa e Israel, la cual podría extenderse hasta Japón.

El Heraldo/7 de abril de 1987

Para venderla
MÁS ATRACTIVA ESTÁ LA ROSARIO

- *Disminuye en cinco millones su inventario*
- *Tiene una capacidad de explotación para muchos años*
- *Firma de EE.UU. evalúa la mina*

TEGUCIGALPA. - El Mineral de El Mochito "tiene una capacidad de explotación para muchos años" y las posibilidades de venderlo han aumentado al disminuir la Rosario el precio del inventario a cinco millones de dólares, informó ayer Andrés Víctor Artiles, secretario general de la Confederación de Trabajadores de Honduras (CTH).

El dirigente obrero, integrante de la comisión tripartita de trabajadores, gobierno y empresarios, estuvo el lunes en una reunión con dos expertos de una firma norteamericana que fueron a evaluar la mina.

Los representantes de la compañía estadounidense Clarerdon, ingenieros Martín Watts y Stanley Nedmanitis, llegaron a la conclusión de "que hay mucho mineral para trabajar bastante tiempo".

A la vez, Artiles informó que los dos expertos estuvieron de acuerdo que en El Mochito hay personal experimentado en todas las actividades de la Mina, tanto a nivel del trabajo en el sub-suelo como en la administración.

En la reunión estuvieron presentes el titular de la Secretaría de Planificación, Coordinación y Presupuesto (SECPLAN), ingeniero Francisco Figueroa, y el designado presidencial, ingeniero Jaime Rosenthal.

Artiles indicó que el ingeniero Rosenthal, en su condición de coordinador de la comisión encargada de buscar solución al problema de El Mochito, dio a conocer que la Rosario bajó el precio del inventario a cinco millones de dólares. Al principio fijó un precio de 34 millones de dólares.

"Con esta rebaja hay más posibilidades de vender", comentó Artiles, por otra parte, informó que el ingeniero Rosenthal también expuso que el gobierno está dispuesto a ayudar a los compradores.

Esa ayuda consistiría en contribuir a la disminución de los costos de producción de la compañía, bajando las tarifas de energía eléctrica, Empresa Nacional Portuaria y de otros servicios.

Además, dijo Artiles, la empresa que compre el inventario gozará de facilidades en la contratación de personal puesto que ya es una situación aparte de la Rosario.

También los compradores se ahorrarán los costos y el tiempo que requiere de explotación toda mina, puesto que la de El Mochito ya tiene todo avanzado.

El secretario de la CTH manifestó que los dos exploradores que fueron el domingo a conocer el mineral encontraron inclusive un yacimiento donde la riqueza está a flor de tierra en un lugar que llaman Manzanillo.

Recalcó que los aspectos positivos del informe de los dos exploradores es que la Mina "tiene una capacidad de explotación para muchos años, hay mano de obra muy capacitada para continuar los trabajos inmediatamente" y lo prometido por el ingeniero Rosenthal Oliva", y que la Rosario ha decidido vender más barato.

Eso abre posibilidades para que se puedan tener oportunidades de vender, dijo Artiles, y añadió que inmediatamente después de la reunión del lunes se enviaron notas a unas compañías que operan en Perú y que han demostrado interés.

Artiles señaló que el ingeniero Rosenthal preguntó a los de Clarerdon si ellos estaban dispuestos a comprar la mina, pero éstos respondieron que ellos únicamente se encargan de la comercialización.

En ese sentido, presentaron la oferta de pagar anticipos sobre la broza, para que la mina pueda operar antes de obtener el producto.

Por último, dijo Víctor Artiles que la Rosario ha accedido a colaborar con el gobierno en el mantenimiento de unas 100 personas atendiendo instalaciones básicas, entre otras las bombas que extraen el agua de los túneles y en el hospital, por mientras una nueva compañía se hace cargo de los trabajos. (NL)

Empresarios privados se reunieron el lunes con el presidente José Azcona para evaluar la situación que ha provocado el retiro de la Rosario.

Tiempo/8 de abril de 1987

[Mensualmente]
MEDIO MILLÓN LE COSTARÁ AL PUEBLO TENER ABIERTA LA MINA

- *Empresa privada enviará comisión a EU para tratar de venderla.*

El gobierno hondureño tendrá que erogar medio millón de lempiras mensuales para evitar que se inunden los túneles de la mina de El Mochito hasta que se encuentre un comprador, confirmó el presidente del Consejo Hondureño de la Empresa Privada (COHEP), Jorge Gómez Andino.

El dirigente empresarial explicó que se está tomando una serie de medidas para mantener funcionando la mina a pesar del retiro de la Rosario Resources Corporation, programada para el próximo 20 de abril, pero anunció que existen algunas ofertas de inversionistas europeos y norteamericanos.

Durante una reunión que sostuvo el presidente José Azcona con los directivos de la Cámara de Comercio e Industrias de Cortés, se analizaron las ofertas de comercialización y explotación que hasta la fecha han presentado compañías extranjeras para adquirir la mina.

"En los próximos 15 días se enviará una comisión a Estados Unidos por cuenta del sector privado para ir a explicarles a los interesados en adquirir la mina de El Mochito que en el país hay condiciones de invertir porque muchos piensan que aquí estamos en guerra y que no se puede trabajar", señaló.

Gómez Andino dijo que hay empresarios hondureños interesados en invertir, pero asociados con una compañía extranjera, "porque la mina cuesta más de 50 millones de lempiras y no hay capacidad para que empresarios nacionales la puedan comprar".

Agregó que incluso los mismos trabajadores de la Rosario por sí solos no están en capacidad de explotar la mina. "Ellos nos manifestaron que únicamente pueden manejar el 60 por ciento de las operaciones, pero que el otro 40 por ciento solamente puede ser completado por técnicos especializados que actualmente no hay en el país".

"Ese retiro de la Rosario tiene preocupada a la empresa privada porque la baja en el precio del café nos ha provocado una pérdida de 200 millones y otros 50 millones al irse esta compañía minera suman 250 millones de dólares que dentro de dos o tres meses nos impediría importar insumos y materias primas por falta de divisas", comentó Gómez Andino.

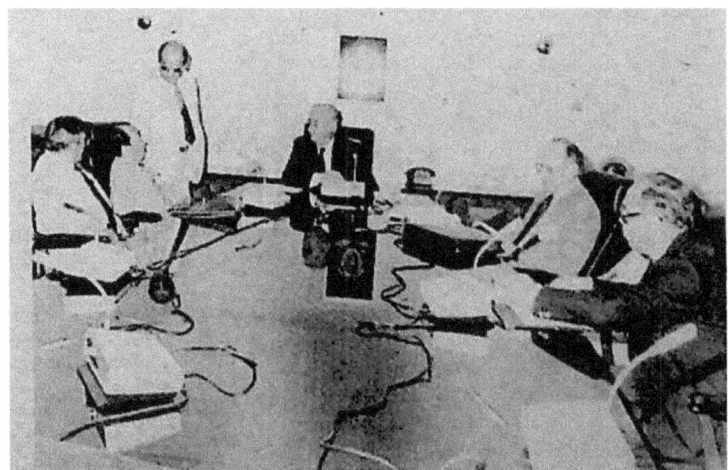

El presidente José Azcona durante su reunión con los miembros de la Cámara de Comercio e Industrias de Cortés, en la cual se analizaron posibles soluciones para mantener funcionando la mina de El Mochito.

La Tribuna/8 de abril de 1987

Informa Gómez Andino
DOS COMPAÑÍAS EXTRANJERAS PODRÍAN COMPRAR EL MINERAL DE EL MOCHITO

El presidente del Consejo Hondureño de la Empresa Privada, Jorge Gómez Andino, informó que dos compañías extranjeras están interesadas en comprar los activos de la empresa minera de El Mochito, valorados en 50 millones de dólares.

Gómez Andino y otros empresarios se entrevistaron ayer con el presidente José Azcona Hoyo para estudiar la situación de la zona minera, una vez que la Rosario Resources Corporation abandone el lugar, el próximo 20 de abril.

"Estamos tratando de desarrollar acciones para mantener funcionando el centro de trabajo y por ello la empresa privada tiene que salir a buscar a los inversionistas interesados en comprar los activos de la minera", dijo Gómez Andino.

En ese sentido, el empresario indicó que una compañía europea está interesada en explotar la mina y otra empresa norteamericana podría asumir la tarea de comercialización.

Mientras los compradores aparecen, Gómez Andino dijo que se necesitan 500 mil lempiras mensuales para que no se inunden los túneles de la mina y que ese gasto únicamente lo puede asumir el gobierno porque, de lo contrario, no habrá explotación minera.

El presidente del COHEP señaló que en el país no hay capacidad técnica para explotar el yacimiento y que los propios trabajadores de El Mochito han dicho que solamente pueden manejar un 60 por ciento de las actividades mineras.

"Por ese motivo la empresa privada hondureña tendrá que enviar una delegación al extranjero para que trate de interesar a los posibles compradores y hablarles de que en Honduras hay un clima propicio a la inversión y no un país en guerra como se ha dicho", continuó.

Finalmente, Gómez Andino expresó que podría producirse algo concreto, en relación al futuro de la mina, antes de fin de mes porque "sustituir a una compañía que genera 50 millones de dólares no es algo que pueda lograrse de la noche a la mañana".

El

El presidente Azcona analiza con representantes de la empresa privada la posibilidad de enviar una delegación al exterior para interesar a empresarios extranjeros en compra del mineral de El Mochito. *(Foto Secretaría de Prensa).*

Heraldo/8 de abril de 1987

FIRMAN CONTRATO PARA LLEVAR ELECTRICIDAD A ZONA ORIENTAL

DANLI, El presidente José Azcona Hoyo participó anoche en los actos de suscripción del contrato mediante el cual la compañía alemana Brown Bovery procederá a instalar el tendido eléctrico que interconectará la Zona Sur Oriental del país.

El contrato tiene un costo de diez millones de lempiras y será ejecutado en un plazo de 15 meses, según informó el gerente de la Empresa Nacional de Energía Eléctrica (ENEE), Jack Arévalo.

El funcionario añadió que las comunidades beneficiadas serán Maraita y San Antonio de Oriente en Francisco Morazán y Güinope, Teupasenti, San Matías, Morocelí, Potrerillos, Jacaleapa, Danlí, El Paraíso, Oropolí, Alauca y el valle de Jamastrán en el departamento de El Paraíso.

Los fondos para el desarrollo del proyecto fueron prestados al gobierno de Honduras por la República Federal de Alemania a un plazo de 40 años, un período de gracia de diez años y un interés menor al uno por ciento anual, según Arévalo.

El gerente de la ENEE señaló finalmente que a un plazo medio la mayor parte del país contará con los servicios de energía eléctrica, especialmente aquellos departamentos que han sido olvidados por los distintos gobiernos anteriores al presente.

El Heraldo/8 de abril de 1987

DOS EMPRESAS EXTRANJERAS QUIEREN COMPRAR MINERA

TEGUCIGALPA. - Dos compañías extranjeras, una europea y otra norteamericana, han presentado ofertas para explotar y comercializar la mina dejada por la Rosario Resources Corporation, se informó ayer en casa de gobierno.

Con ese fin, se entrevistaron con el presidente José Azcona Hoyo, las dirigencias del Consejo Hondureño de la Empresa Privada (COHEP), y de la Cámara de Comercio e Industrias de Cortés, para analizar las propuestas y delinear algunas condiciones que exigen estos inversionistas.

Jorge Gómez Andino, presidente del COHEP, anunció que después de Semana Santa saldrá hacia Estados Unidos una representación del gobierno y de la empresa privada hondureña para dialogar con la compañía norteamericana y brindarle información sobre la situación actual de la mina de El Mochito.

La transnacional AMAX, que hace algunos años absorbió a la Rosario Resources Corporation, comunicó al gobierno hace aproximadamente un mes, que abandonará el país el 20 de abril entrante dado que la explotación del mineral le ha generado millonarias pérdidas en los últimos cinco años.

Gómez Andino dijo que el gobierno central deberá de adoptar una serie de medidas durante el tiempo que duren las negociaciones con los oferentes para evitar que se inunden los túneles de la mina.

En ese sentido, subrayó, el presidente Azcona Hoyo tiene en mente presupuestar 500 mil lempiras mensuales "porque si se inunda, seguramente nadie estará interesado en comprarla".

El presidente del COHEP reveló que el mineral de El Mochito tiene un valor de 50 millones de dólares.

"Quizá a fin de mes ya tengamos algo concreto respecto al destino de la mina", respondió Gómez Andino a una pregunta sobre cuándo estarán finalizadas las negociaciones con los inversionistas europeos y estadounidenses.

"El presidente Azcona está muy preocupado por el destino que puedan tener los mil 200 trabajadores, además de los efectos económicos que ocasionará al país la partida de la transnacional", afirmó.

El propósito fundamental de gobierno y de los empresarios hondureños es mantener por siete años más la explotación del mineral y que los trabajadores puedan seguir recibiendo sus salarios "porque por su especialidad, la empresa privada no los puede absorber".

Miembros de la Cámara de Comercio de Cortés y del Consejo Hondureño de la Empresa Privada (COHEP) se entrevistaron con el presidente José Azcona Hoyo para analizar algunas ofertas extranjeras para adquirir la Rosario Resources Corporation. *(Foto Salinas).*

La Prensa/8 de abril de 1987

EL NEGRITO DEL BATEY

Ya los empleados públicos no tendrán enterita la semana de vacaciones que les habían otorgado. Ya no podrán dedicarse a la oración, a la reconciliación interna, a la meditación, toda una semana completa durante la Semana Santa.

Azcona les quitó el lunes como feriado a pesar de que dice el dicho que lo que se da no se quita. Les rompieron por la mitad el superpuente que les habían tirado. Todo porque uno que otro empresario y algún medio de comunicación salió gritando qué barbaridad eso del feriado que había dado el presidente.

Y Azcona rectificó. Como rectificar dicen que es de sabios. Todos aquellos que ya habían planificado sus vacaciones y hecho preparativos para irse desde el viernes a topar hasta el domingo siguiente tienen que cancelar lo planificado. Cancelar reservaciones porque Azcona los dejó silbando en la loma. Se les ahumó el ayote por completo.

Pero, aun así, feriado habrá abundante. Aun cuando somos el país más atrasado de América Latina, disputándonos ese honor con Haití, aquí el trabajo no es considerado como algo muy necesario para salir del letargo social y del estancamiento económico. La gente no es muy partidaria que se diga de chambear grueso. Lo mejor es sacar lo más posible dando a cambio el más mínimo esfuerzo.

Necio es citar ejemplos como los del Japón o Alemania. Países esos que quedaron postrados después de la segunda guerra mundial pero que se levantaron de la destrucción, reconstruyendo su poderío económico y social a fuerza de sudar la gota gorda. No fue nada material, ni el dinero, ni nada de eso que produjo el milagro japonés y el alemán. Fue el hombre. La voluntad de los hombres de reconstruir su país. El trabajo, trabajo y más trabajo.

Los chinitos no son de esos que entran al trabajo a detenerse la quijada contando los minutos que faltan para la salida y poder barajustar a la casa a ver la telenovela preferida. Allá trabajan como Dios manda. A puro esfuerzo, tecnología y voluntad, los japoneses y los alemanes reconstruyeron sus países, hasta hacerlos lo que ahora son: Verdaderos emporios de riqueza que le montan riata al más pintado, que compiten en los mercados internacionales con productos más baratos y de mejor calidad.

Pero la mayor riqueza es el hombre. Pero aquí, como estamos en el fondo del pozo, las cosas son distintas. ¿Para qué trabajar si es más rico holgazanear? Lo justo es pedir y pedir dando lo menos que se pueda a cambio. Es la justicia social.

Y si del gobierno se trata, ni digamos. Cómo no van a estar agotados los mejores hombres y mujeres de este co-gobierno si pasan atareados pensando en tantas cosas. Sólo la política sectaria les ha de consumir gran parte de todo su tiempo. Son trasnochadas las que pegan pensando cómo amolar al contrincante. El sacrificio a la patria bien que merece su recompensa.

Bien merecido se tienen un buen feriado. Pero ese Azcona sí que fregó la paciencia. ¿Para qué quitó lo que ya había dado? Si los sectores de presión llevan meses de decirle que quite a los ministros y nada. Los medios se han desgalillado toditos diciéndole que mande a echar pulgas a otro lado a esos sus mejores hombres y mujeres y nada. Y con un sombrerazo lo hacen que quite un feriado. ¿Para qué? Si ya lo había dado lo hubiera dejado. ¿Quién va a trabajar el lunes? Peor la cosa. La gente más bien indignada porque les fregaron el superpuente en lo que menos va a pensar es en trabajar. Los hacen que se vayan el viernes, el sábado, el domingo para que regresen el lunes y después otra vez de vuelta de vacaciones a que continúen en lo que estaban. ¿Por un pinche lunes? ¡Qué barbaridad!

Si aquí ya sabemos que la filosofía que impera es la del Negrito del Batey. Aquel que pasaba en jolgorio permanente, cantando y chabacaneando: "A mí me llaman el Negrito del Batey… porque el trabajo para mí es un enemigo… el trabajar yo se lo dejo todo al buey… porque el trabajo lo hizo Dios como castigo…"

Esa reconsideración del feriado sólo ha venido a dejar taciturna a mucha gente que ya había hecho planes creyendo que tendría una semana enterita de vacaciones. Así lo hubieran dejado. ¿Qué les costaba compensar otro día? Para la próxima, piensen mejor antes de dar cosas que después van a quitar. Vea no salga que quiten los ministros y al siguiente día rectifiquen y los pongan de vuelta.

La Tribuna/8 de abril de 1987

Diputado de Callejas
DE 11 MILLONES ES LA PARTIDA CONFIDENCIAL

TEGUCIGALPA. - El callejista Franklin Bertrand Anduray defendió ayer la existencia de 134 diputados devengando un salario mensual que supera los 5,000 lempiras, atacando la partida confidencial de la presidencia de la República.

En el Congreso Nacional se encuentra un proyecto de decreto encaminado a que el número de diputados en la Cámara sea fijado en 95 como máximo.

Bertrand Anduray, quien no está de acuerdo con esta iniciativa que ahorraría varios millones de lempiras al presupuesto nacional, sin ser consultado, dijo que la partida confidencial debía ser recortada o eliminada del presupuesto.

El político, allegado al líder nacionalista Rafael Leonardo Callejas, recordó que el mandatario José Azcona Hoyo dijo durante la campaña proselitista en 1985 "que no haría uso" de la partida confidencial.

"Pero una vez en la mula, se hizo el loco" dijo Bertrand Anduray.

El novel diputado, aparentemente con aspiraciones de reelegirse, dijo que el número de diputados es necesario que se mantenga y no que sea rebajado.

Según este diputado callejista la existencia de 134 bancas que cuestan al pueblo hondureño cada una 5,600 lempiras cuando se trata de simples diputados, más de 6,600 cuando es de directivos e igual cantidad cuando son jefes de bancada es algo positivo.

"Eso beneficia al país y a los partidos políticos en su actividad proselitista" sostuvo el político, señalando que genera más gasto la partida confidencial del presidente.

El diputado aseguró que esta partida es de 11 millones de lempiras y que fue aumentada pues era de 3. "Es una partida que nadie sabe cómo se utiliza".

Dijo que ésta puede ser utilizada para "enriquecer algunas personas". (GP)

AZCONA

*Tiempo/*8 **de abril de 1987**

Secretario de Prensa:
AZCONA ELIMINÓ LA PARTIDA

TEGUCIGALPA. -Es sorprendente que todavía se siga hablando de la existencia de una partida confidencial, cuando el presidente José Azcona ha manifestado que en este gobierno no se maneja un renglón presupuestario de tal denominación.

Lo anterior fue manifestado por el secretario de Prensa, Lisandro Quezada, quien señaló que hay una partida presupuestaria del Poder Ejecutivo, la que es rigurosa y legalmente contabilizada por la administración general de la presidencia de la República.

Quezada advirtió que dicha partida se utiliza para sufragar los gastos que son propios del Poder Ejecutivo, tales como la Dirección del Servicio Civil, el Ministerio de la Presidencia, la Secretaría de Prensa, además del otorgamiento de subsidios a las distintas municipalidades que lo solicitan y que pueden justificarlos.

Esta partida, agregó, beneficia mayoritariamente a las pequeñas comunidades que carecen de recursos económicos para ejecutar obras de infraestructura, que se acercan al señor presidente para solicitarle ayuda para programas de agua potable o de otro tipo, siendo atendido con aportes procedentes de ese presupuesto.

Durante el año anterior, señaló Quezada, la partida discrecional fue manejada con suma austeridad, pero siempre fue dirigida al beneficio de la comunidad, y, recalcó, debidamente contabilizada.

El secretario de Prensa atribuyó el origen de las declaraciones dadas por un diputado nacionalista, a un completo desconocimiento en el manejo de tales fondos y, por otra parte, en afán de política partidarista.

Para concluir, Quezada recalcó que no existe tal partida, ya que el presidente Acona la abolió, existiendo únicamente un presupuesto del Ejecutivo que, al igual que los otros dos Poderes del Estado, necesita de fondos para su propio mantenimiento.

QUEZADA

Tiempo/8 de abril de 1987

VOCERO DE AZCONA SOSTIENE QUE NO EXISTE PARTIDA CONFIDENCIAL

El secretario de Prensa de la Presidencia de la República, Lisandro Quesada, aseguró ayer que el presidente José Azcona Hoyo abolió la Partida Confidencial que venían manejando mandatarios anteriores.

Quesada añadió que el único fondo que maneja el presidente Azcona es una Partida Discrecional "debidamente legalizada y contabilizada por la Administración General de la Casa Presidencial".

Según el funcionario, esa partida se utiliza para sufragar los gastos de algunas dependencias de la Presidencia, como Servicio Civil, ministerio de la Presidencia, Secretaría de Prensa y el otorgamiento de subsidio a comunidades y patronatos.

Quesada refutó declaraciones previas del diputado nacionalista, Franklin Bertrand Anduray, quien asegura que la Partida Confidencial no ha sido abolida, sino que ha crecido a once millones de lempiras.

"El presidente Azcona abolió esa partida y solamente dejó una suma que está a la disposición de las comunidades siempre y cuando los gastos sean necesarios y se justifiquen debidamente", añadió.

El vocero presidencial dijo que el diputado Bertrand desconoce cómo se usa el presupuesto de la República y sostuvo que la supuesta denuncia obedece "a un afán de hacer política partidista".

El Heraldo/8 de abril de 1987

En su primera reunión de 1987:

CONSEJO SUPERIOR DE LAS FF AA EXAMINA REALIDAD POLÍTICA Y ECONÓMICA DEL PAÍS

TEGUCIGALPA. - Con la presencia del ciudadano Presidente de la República, don José Azcona, se instaló ayer en esta capital la primera reunión de trabajo del Consejo Superior de las Fuerzas Armadas (CONSUFFAA), correspondiente a 1987.

En los inicios de la misma, el Jefe de Estado pronunció una breve intervención, subrayando que el sistema democrático hondureño está en franco período de consolidación, y poniendo de manifiesto que el desempeño de la economía en el primer trimestre del año ha sido mejor que el ocurrido en igual período de 1986.

Marcando el énfasis en el hecho de que la recaudación fiscal ha aumentado significativamente, el Comandante General de las FF AA por mandato constitucional, reiteró su firme respaldo a los hombres de uniforme y expresó su esperanza de que la recuperación económica del país -y su paz interna-continuarán mejorando en los meses por venir.

De otra parte, el CONSUFFAA introdujo una innovación en su asamblea, al invitar a varios expositores que disertaron sobre temas de carácter doctrinario, ideológico, económico, técnico e internacional.

La primera presentación estuvo a cargo del licenciado Amílcar Santamaría, Presidente del Consejo Editorial de LA PRENSA, quien disertó con notable lucidez y penetración sobre geopolítica centroamericana, política internacional y su impacto en la realidad hondureña.

Asimismo, habló en la ocasión el Secretario de Planificación Económica del gobierno, ingeniero Francisco Figueroa; el director de diario "Tiempo", licenciado Manuel Gamero y el Secretario de Relaciones Exteriores, abogado Carlos López Contreras.

La reunión, en la que además de asuntos estrictamente militares se examinan temas vinculados a la economía, el desarrollo y la coyuntura internacional, continuará el día de hoy con la presencia de otros disertantes.

Como es habitual, los temas de seguridad nacional y demás asuntos de orden específicamente castrense, no trascendieron. La asamblea, si bien no es de carácter secreto, se ha desarrollado en un clima de discreción y sin la presencia de periodistas.

Los comandantes de las distintas ramas de las Fuerzas Armadas saludaron uno a uno al mandatario hondureño.
(Foto Aulberto Salinas).

La Prensa/8 de abril de 1987

<u>Alfredo Fortín:</u>

AZCONA ESTÁ CUMPLIENDO PROMESAS DE SU CAMPAÑA

El designado a la Presidencia, Alfredo Fortín, dijo ayer que la campaña de vacunación masiva es el cumplimiento de una de las promesas que hizo durante su campaña, como candidato, José Azcona Hoyo.

"El presidente prometió en su campaña política velar por la salud del pueblo hondureño, y qué mejor manera que velar por nuestra niñez", apuntó Fortín.

"Esta protección a la niñez ahora se traducirá en el futuro en una población sana, apta y productiva para el desarrollo del país", agregó.

Indicó, por otro lado, que el delegado de la Organización de las Naciones Unidas para la Infancia (UNICEF) estaba en Santa Rosa de Copán como observador de la campaña, "y es una satisfacción para nosotros que las organizaciones extranjeras se interesen por nuestros programas en beneficio de la población".

Anticipándose a los resultados de la cruzada, Fortín expresó que "estoy seguro que esta campaña va a ser un rotundo éxito".

En representación del presidente José Azcona Hoyo, dio por inaugurada la campaña de vacunación el designado a la Presidencia, Alfredo Fortín. *(Foto de Orlando Sierra).*

La Tribuna/6 de abril de 1987

PIDEN AZCONA PROTEJA VIDA DE D. BENAVIDES

TEGUCIGALPA. Los padres de la joven capturada por la policía de San Pedro Sula bajo presuntas sospechas de pertenecer al grupo izquierdista "Lorenzo Zelaya", Rosibel Benavides, solicitaron ayer al presidente José Azcona "no aumentar la lista de los desaparecidos" en su gobierno.

Una copia de la carta que fue entregada ayer a William Hall Rivera, secretarlo privado del presidente, dice:

Tegucigalpa, abril 7 de 1987
Sr. Presidente de la República
Ing. José Azcona del Hoyo
Casa Presidencial
Presente
Estimado señor presidente:

Con el debido respeto nos dirigimos a usted en ejercicio del derecho de petición y en nuestra condición de padres de la joven Doris Rosibel Benavides Tarrius.

Nuestra hija es licenciada en psicología, egresada, igual que usted, de la Universidad Nacional Autónoma de Honduras (UNAH).

Ella fue capturada por agentes de la Dirección Nacional de Investigaciones (DNI) en San Pedro Sula, el domingo 22 de marzo de 1987, a eso de las 5:20 p.m. Inmediatamente fue conducida a las instalaciones de la Dirección Regional del DNI en San Pedro Sula, estando allí como oficial del día el teniente José Roberto Romero Luna y de turno el agente José Meza Fúnez.

Tenemos testigos de la captura de Doris Rosibel por los agentes del DNI, posiblemente Alex Antonio Gallo Reyes y Héctor Emilio Baquedano, así como de su traslado en un taxi rojo y de su llegada a la prisión.

Nosotros hemos confiado en la justicia hondureña, al autorizar al Comité para la Defensa de los Derechos Humanos en Honduras (CODEH), para que interpusiera tres habeas corpus a favor de nuestra hija y en contra de las autoridades del DNI.

La situación es muy grave porque las autoridades niegan la captura de nuestra hija Rosibel, y más bien allanaron ilegalmente la casa donde vivía ella, al suplantar al juez ejecutor nombrado por el juzgado competente. Tal orden de allanamiento se pidió por medio de una denuncia del DNI en contra de Gloria Fajardo y Ana María Cabrera.

Las autoridades del DNI en San Pedro Sula permitieron la inspección de la cárcel por el juez ejecutor, constatando que ya ella no estaba allí, probablemente por haber sido trasladada a otra cárcel. En cambio, aquí en Tegucigalpa el director general del DNI no permitió la inspección de las instalaciones.

Acudimos a usted después de agotar los recursos legales, pidiéndole la protección de la vida de nuestra hija Doris Rosibel Benavides Tarrius, ya que usted como comandante general de las Fuerzas Armadas de Honduras (FFAAHH) puede lograr la obediencia de quienes niegan su captura, y la remitan a los tribunales comunes.

Es un ruego humanitario que le hacemos como cristianos y creyentes porque queremos que nuestra hija sea juzgada de acuerdo con las leyes.

Escuche nuestro ruego y no permita que en su gobierno aumente la lista de personas desaparecidas.

Nuestro agradecimiento será imperecedero.

Respetuosamente,

Oswaldo Benavides
Argelia Tarrius

Tiempo/8 de abril de 1987

EMBAJADOR ANUNCIA VIAJE DEL PRESIDENTE AZCONA A MÉXICO

MEXICO, DF, 7 ABR. (EFE). - El presidente de Honduras, José Azcona Hoyo, visitará México, "en fecha próxima", informó el embajador hondureño en México, José Ayax Zúniga.

El diplomático, que no precisó la fecha del viaje de su presidente, señaló que la visita se producirá después de que Azcona Hoyo realice una gira por Europa.

Asimismo, indicó que el Gobierno de Honduras espera conseguir en México, acuerdos de cooperación económica, ya que actualmente la balanza comercial entre ambos países es favorable para los mexicanos en 250 millones de dólares al año.

Ayax Zúniga señaló que las relaciones diplomáticas entre México y Honduras, son "muy buenas", como lo prueba el hecho de que las inversiones mexicanas en territorio hondureño se han incrementado últimamente, gracias –sobretodo- a la construcción de una carretera en la zona Occidental del país centroamericano.

Además, el embajador consideró que es posible que el presidente de México, Miguel de la Madrid, realice una visita de cortesía a Honduras, en una fecha que tampoco precisó.

La Prensa/8 de abril de 1987

EN OMOA DESCANSARÁ AZCONA

PUERTO CORTES. - El presidente José Azcona del Hoyo descansará en la comunidad de Pueblo Nuevo de esta jurisdicción durante el feriado de Semana Santa según se confirmó a LA PRENSA por personas dignas de crédito.

Con tal propósito se están mejorando las vías de acceso que dan a una casa de campo cerca del mar y que pertenece a la familia Kawas donde también se prolongará el tendido eléctrico que hasta hace poco llegaba a Masca.

El mandatario desde que asumió sus altas responsabilidades en el gobierno ha tenido preferencia por vacacionar en estas playas y ya el año anterior por esta misma época estuvo con su familia y un pequeño séquito de elementos de la seguridad presidencial en la colonia de ejecutivos de la ENP frente al populoso balneario Coca Cola.

El alcalde de Omoa Reynaldo Riaños y su homólogo porteño han mancomunado esfuerzos porque todo esté listo para cuando llegue el momento de recibir al presidente Azcona todo esté en completo orden y coadyuvar porque disfrute de una placentera y recogedora temporada. (Puerto).

La Prensa/ de abril de 1987

En situación centroamericana
PAPEL DE LAS FF AA ES TRASCENDENTAL: AZCONA

TEGUCIGALPA. - El presidente Azcona utilizando terminología militar, señaló que la ciencia y el arte de la guerra, "considera indispensable el apoyo terrestre a la infantería por parte de la artillería".

Lo anterior lo expresó el mandatario en el exordio de su discurso en los actos de celebración del 17 aniversario de fundación del Primer Batallón de Artillería con sede en Zambrano, Francisco Morazán.

Señaló Azcona que tras 117 años los soldados, y oficiales de artillería han brindado un fruto positivo, ya que, en él se sustenta el actual sistema en el país.

El mandatario recordó que, en la actual crisis política e ideológica de Centroamérica, "el papel de las Fuerzas Armadas es trascendental" y sirve de base a las instituciones democráticas constitucionales y republicanas de Honduras.

El presidente Azcona Hoyo tomando ejemplos históricos afirmó que es un hecho indiscutible que la guerra de agresión de 1969 cambió las relaciones de la sociedad hondureña, al unir gobierno, pueblo y las Fuerzas Armadas.

Aseguró el gobernante que "en esta oportunidad se destruyó, de una vez por todas, los intereses mezquinos que mantenían dividida la familia hondureña", logrando así un gran triunfo.

Azcona Hoyo felicitó a los comandantes del ejército y al del Primer Batallón de Artillería, y en un mensaje general las extendió a los soldados que integran esta unidad de combate de las Fuerzas Armadas.

La Prensa/10 de abril de 1987

[También siendo digno y honesto]
"NO SÓLO CON LAS ARMAS SE DEFIENDE A LA PATRIA"

TEGUCIGALPA. - En su arenga a las tropas bajo su mando el teniente coronel Héctor René Fonseca Flores, comandante del Primer Batallón de Artillería señaló que el entrenamiento y crisis nacional suscitada por la capacitación del ejército son necesarias "debido a la erupción de la criminalidad social y política" en el país.

Agregó el oficial que la actual polarización y división de la sociedad aunada a la degeneración de los valores obligan al ejército a prepararse mejor para buscar la solución a los problemas de Honduras.

"Son los militares los que tienen una amplia perspectiva para cooperar en el desarrollo nacional, a la par de los demás elementos que conforman la sociedad", afirmó.

En esta ocasión el jefe de la unidad indicó que los hombres de coraje disciplinados y amantes de la patria que integran el Primer Batallón de Artillería, "están al servicio de los connacionales y de Honduras".

El teniente coronel formuló que la filosofía actual del ejército es fijar en sus hombres que la defensa de Honduras no se hace exclusivamente con las armas en el campo de batalla, sino con una personalidad digna y honesta de un nuevo hombre.

Dijo que en las destacadas páginas de la historia están los visionarios oficiales que pensando en un ejército profesional fundaron el Primer Batallón de Artillería de campaña el 13 de abril de 1970.

Con un ejercicio combinado en el que participaron miembros de la Fuerza Aérea de Artillería e Infantería, se conmemoró el décimo séptimo aniversario del Primer Batallón de Artillería con asiento en Zambrano, hasta donde se trasladó el presidente Azcona, el titular del legislativo, y los miembros del Alto Mando. En la gráfica, el mandatario con casco de combate acompañado del General Regalado Hernández, mientras observa la acción militar. *(Foto Salinas).*

La Tribuna/10 de abril de 1987

HASTA EL LUNES PAGARÁN A EMPLEADOS DEL GOBIERNO

TEGUCIGALPA. El presidente José Azcona Hoyo ordenó ayer pagar los salarios a los empleados públicos hasta el lunes próximo, para asegurar que todos se presenten a sus labores ese día, según trascendió en la casa presidencial.

Algunas instituciones públicas tenían dispuesto pagar los sueldos a sus empleados hoy, pero el presidente Azcona temiendo que éstos se tomaran toda la Semana Santa de vacaciones, giró instrucciones para que los cheques sean pagados hasta el lunes.

La mayoría de los empleados públicos, según se informó, están solicitando permisos o pensando reportarse enfermos el Lunes Santo.

El presidente Azcona había decretado conceder feriado el lunes y miércoles de la Semana Santa, con la conveniencia de que a los empleados públicos se les rebajaría esos días de las vacaciones a que tienen derecho anualmente, pero debido a las críticas de los medios de comunicación y la empresa privada, decidió otorgar feriado únicamente el miércoles.

Se espera que el lunes próximo el Banco Central de Honduras estará completamente lleno de empleados públicos queriendo cambiar sus cheques. (TDG)

AZCONA

Tiempo/10 de abril de 1987

AZCONA: NO TENGO LA VARITA

Pero tampoco está de acuerdo en que "sólo Jesucristo podría sacarnos del subdesarrollo"

DANLI. El presidente José Azcona firmó el contrato de electrificación para la zona oriental con la empresa Brown Bovery Compay, el cual será financiado con un préstamo otorgado por el gobierno alemán.

El mandatario fue acompañado por los ministros de Recursos Naturales, Rodrigo Castillo, de Comunicaciones, Obras Públicas y Transporte, Juan Fernando López, el gerente de la Empresa Nacional de Energía Eléctrica (ENEE), Jack Arévalo y el embajador de Alemania Federal.

En su discurso, Azcona dijo que es necesario tener fe en Honduras y en nuestros valores.

Desde hace un tiempo acá nos regocijamos diciendo que somos el país más atrasado del continente, que los problemas económicos de Honduras no tienen solución, porque se ha dicho por allí que sólo viniendo Jesucristo podría sacarnos del subdesarrollo. Yo digo que otros pueblos del mundo con menos recursos que los nuestros han surgido y han elevado a sus pueblos a estadios de bienestar colectivo a base de trabajo y de fe en el porvenir. También nosotros lo podemos hacer".

Enseguida afirmó: "Hoy estamos dando un paso para el desarrollo de Honduras: Vamos a seguir dando pasos firmes, aunque no sean pasos gigantes para llevar el desarrollo hasta los últimos rincones de Honduras"

También manifestó que "no vamos a desmayar ni nos vamos a achicopalar por las críticas que pueden venir a este gobierno, hasta hoy se ha respetado al presidente de la República, pero se ha atacado a los ministros de su gabinete, como si hubiera universidades o colegios para preparar a hombres para ser ministros".

"Aun los que llegamos a la presidencia, llegamos con un alto grado de improvisación. Yo no voy a decir que sé todos los problemas ni que tengo la varita para resolver todos los problemas" afirmó.

Todos somos productos de un medio, indicó, en Honduras no hay una carrera administrativa donde un hombre empieza de un puesto bajo hasta llegar a ser ministro".

El presidente expresó que somos un país que requiere de mucha organización, por lo tanto, los ministros de este gabinete son tan buenos como los de cualquier otro, con el ingrediente de que lo voy a decir una vez más: "Meto las manos al fuego por la honorabilidad de los ministros que escogí y que han sabido responder con toda lealtad al presidente de la República".

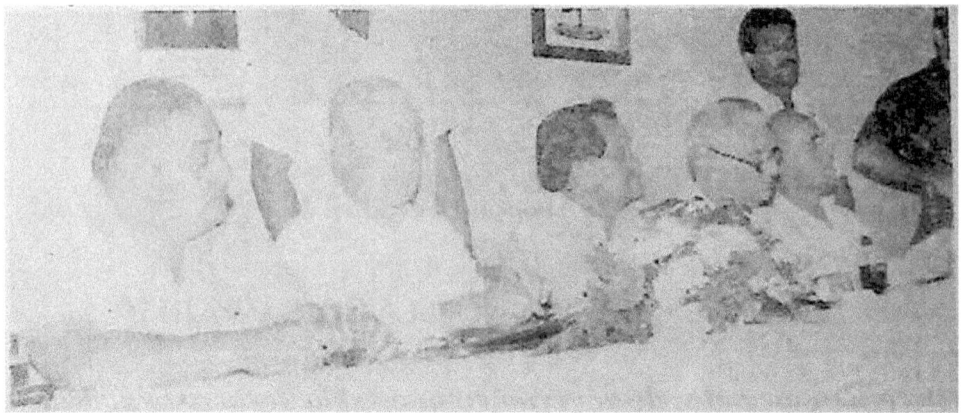

El presidente Azcona en la mesa con Rodrigo Castillo, ministro de Recursos Naturales, Jack Arévalo Fuentes y el embajador de Alemania Federal durante la firma del contrato para la electrificación del oriente del país.

La Tribuna/9 de abril de 1987

LAS VEGAS SERÁ ELEVADO A MUNICIPIO: J. AZCONA

El presidente José Azcona en declaraciones en Danlí, El Paraíso, confirmó la creación del nuevo municipio de Las Vegas, donde está localizado el mineral de El Mochito, en Santa Bárbara.

El mandatario señaló que a esta comunidad se le dará el rango de municipio, ofreciendo a sus pobladores mantenimiento a sus vías de comunicación además de otras atenciones en distintos aspectos que beneficien al lugar.

El gobierno está dispuesto a sacrificarse, al igual que la Empresa Nacional de Energía Eléctrica, pero es necesario que se haga conciencia nacional y que no sea como la vez pasada que dimos un subsidio de dos millones de lempiras, recibiendo únicamente "palos" como respuesta", dijo Azcona.

Con respecto a la ida de la empresa minera, el presidente dijo no creer que la misma se quede, agregando que en una reunión con miembros de la Cámara de Comercio de Cortés se planteó la posibilidad de que la compañía permanezca aquí o que sea vendida a otra empresa extranjera.

La Tribuna/9 de abril de 1987

SUSCRIBEN CONTRATO PARA DAR LUZ A ZONA SUR-ESTE

TEGUCIGALPA. El contrato para la electrificación de la zona sur-este de Honduras, fue suscrito el martes en Danlí, El Paraíso, por el gerente de la Empresa Nacional de Energía Eléctrica (ENEE), Jack Arévalo Fuentes y representantes de la Empresa Alemana Brown Boveri Company (ABC), en presencia del Presidente Azcona.

El mandatario José Azcona Hoyo estampa su rúbrica en el contrato que el martes anterior suscribieron en Danlí la Empresa Nacional de Energía Eléctrica (ENEE) y la firma alemana Brown Boberi Company para la electrificación de la zona Sur-Este del país.

Este proyecto forma parte del programa de electrificación de la zona nor-este hondureña, cuyo costo es de 50 millones de lempiras, financiados con fondos del instituto de crédito para la reconstrucción (Kreditanstalt fur Wiederaf Bau), mediante el convenio de cooperación financiera entre Alemania y Honduras.

En la zona sur-este, serán beneficiados con la instalación de la energía eléctrica, los municipios de Alauca, Danlí, El Paraíso, Güinope, Jacaleapa, Morocelí, Oropolí, Potrerillos, San Matías, Teupasenti y Yuscarán, en el Departamento de El Paraíso.

Los actos especiales se realizaron en el salón municipal de Danlí y estuvieron presentes varios funcionarios del gobierno central, diputados al Congreso Nacional, alcaldes municipales, autoridades eclesiásticas y militares de la zona oriental.

La electrificación de esta productiva región es parte de los planes de expansión energética de la Empresa Nacional de Energía Eléctrica, que permitirá a miles de hondureños integrarse al desarrollo socio-económico de nuestra nación.

Tiempo/9 de abril de 1987

NO Y NO AL CANAL SECO

Por favor señor presidente, no permita ese CANAL SECO para los salvadoreños, porque ellos son muy listos y dentro de poco van a poblar toda esa región de occidente, que en 1969 quisieron apoderarse, así como se han apoderado de las ventas del Parque Central de Tegucigalpa, así como se apoderaron de la Isla de Meanguera, ¿qué más ejemplos queremos? Por qué los asesores del señor presidente y los económicos no prevén esa situación, no se dan cuenta que ellos buscan salirse de su país en donde ya no caben. Lo peor del caso es que nos usurpan no sólo el territorio, sino también el comercio, y nuestros pobres vendedores qué van a hacer, morirse de hambre y los salvadoreños entronizados en nuestro territorio.

Rita Mayorga
Colonia 15 de Septiembre
Comayagüela

*La Tribuna/*9 **de abril de 1987**

*****TRIBUNA DEL PUEBLO*****

ABRA LOS OJOS AZCONA

José Azcona, presidente de los hondureños, cada vez que se cuestiona su gobierno sobre las actuaciones de sus ministros y funcionarios por la falta de honestidad y honradez, defiende a capa y espada, la honradez de los mismos.

En las últimas declaraciones que le diera por teléfono a un periodista de un medio de comunicación del país, mencionó que este gobierno es el más honesto y honrado que ha habido, y que si el presidente es honrado también sus ministros y funcionarios.

Por favor señor presidente, su honradez nadie la discute, pero no meta las manos al fuego por empleados de su gobierno que lo desprestigian y que se ríen o no le dan importancia a sus declaraciones, y que a sabiendas de que cometen errores, abusan y defraudan los bienes del Estado.

Abra los ojos, le vamos a dar una muestra de la falta de fidelidad, honestidad y honradez de algunos funcionarios de su gobierno.

El agrónomo sub-director del Instituto Nacional Agrario Carlos Tejada, hace uso de un vehículo marca Mitsubishi, tipo jeep 4X4 color café para asuntos personales utilizándolo a tiempo completo, y fines de semana en el que se transporta a la finca de su propiedad, el vehículo no tiene placas, y tampoco la bandera con el rótulo que lo identifica como propiedad del Estado.

El ingeniero Mario Espinal, director del Instituto Nacional Agrario usa el mismo tipo y marca de vehículo, sin placas color blanco sin bandera y sin rótulo, en él se transporta su familia con motorista pagado por el Estado, van y vienen sus hijos a los diferentes colegios en que se encuentran.

El ingeniero Roberto Acosta ex-jefe de mantenimiento de SECOPT se conduce en un vehículo Toyota Land Cruiser tipo jeep color rojo, 4X4 sin placas, sin bandera y sin rótulo que indique que es propiedad del Estado de Honduras.

El ingeniero Roberto Abadie asesor técnico de SECOPT utiliza un vehículo color blanco, marca Toyota Land Cruiser 4X4 sin placas, sin bandera, sin rótulo que lo identifique como propiedad del Estado de Honduras, este vehículo también como los anteriores es utilizado para menesteres personales y se pueden ver rodando en las carreteras los fines de semana.

Investigue señor presidente, por qué fue destituido Tomás Álvarez, de Bienes y Propiedades del Instituto Nacional Agrario.

Dhecir Verdaguer

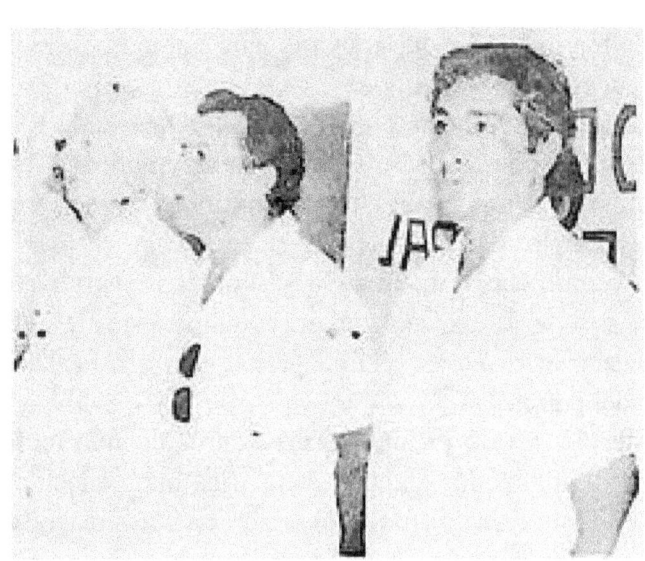

La Tribuna/9 de abril de 1987

AZCONA AFIRMA COMPROMISO DE ELECTRIFICAR TODA HONDURAS

TEGUCIGALPA. Llevar la electricidad a la totalidad del país, prometió el presidente José Azcona, en su mensaje dirigido a los habitantes de Danlí, en los actos de firma del contrato para dotar de energía eléctrica a once municipios del departamento de El Paraíso.

El mandatario señaló que "faltando solamente trece años para terminar el siglo veinte, vamos a llevar la energía eléctrica a todas las ciudades y pueblos de Honduras, porque es necesario y congruente con lo dicho en nuestra campaña, que son puntos fundamentales para el desarrollo, el aspecto de la vivienda y progreso urbano, a través de la energía eléctrica".

A partir de la electrificación, dijo, tendremos agua aquí en el Valle de Jamastrán y en las demás comunidades que saldrán beneficiadas con estos servicios, sabemos también, prosiguió, que Danlí y El Paraíso han estado pagando este sistema a precios más altos que en cualquier otro lado, pero a pesar de ello el progreso no se ha detenido, y es algo que nos satisface.

Tenemos que tener fe en Honduras y sus valores, añadió, ya que como alguien dijo que sólo Jesucristo podría sacarnos del subdesarrollo. "Yo digo que otros pueblos del mundo con menos recursos, han surgido y elevado sus pueblos a estadios superiores de bienestar, a base de trabajo y de fe en el porvenir, eso también lo podemos hacer".

El presidente Azcona dijo estar al tanto de los problemas que los caficultores de esa zona tienen, debido a la caída de los precios del café, además a estar sosteniendo deudas con BANADESA y que es difícil de cobrar, "ya vamos a remediar esta situación de alguna manera.

Para concluir, el presidente Azcona señaló que su gobierno no va a desmayar por las críticas que se le hacen, "hasta hoy se ha respetado al presidente de la República, pero se insiste en criticar a los ministros, como si hubiera universidades para prepararse como tal, por lo tanto los ministros de este gobierno son tan buenos como otros, con el ingrediente que recalcó: "meto las manos al fuego por la honorabilidad de los ministros que escogí y que han cumplido con lealtad al presidente de la República".

Por su parte, el gerente de la Empresa Nacional de Energía Eléctrica, Jack Arévalo Fuentes, señaló en su discurso que con este acto se empieza a cumplir uno de los más caros anhelos de los ciudadanos del departamento de El Paraíso, como es el arranque de este gran proyecto de electrificación en este sector.

El funcionario recordó que al inicio de la gestión administrativa del presidente Azcona, éste se mostró preocupado porque a trece años de que concluya este siglo, la mayor parte de los poblados de Honduras se encuentran a oscuras y él dijo que esto terminaría al dedicar su gestión administrativa a la electrificación del país.

Y es así, manifestó Arévalo Fuentes, que nosotros cuando recibimos la administración de la ENEE, únicamente 85 municipios tenían luz eléctrica interconectada al sistema hidroeléctrico, en estos momentos y con esta firma, vamos a incorporar a corto plazo 95 nuevos municipios del país.

Igualmente dijo el funcionario, dentro de unos días vamos a firmar un contrato con la firma SVECA, ampliando a ocho municipios en Yoro y Francisco Morazán y el 22 de mayo abrimos las plicas de la licitación para electrificar Islas de la Bahía.

En síntesis, en 14 meses de labor administrativa vamos a iniciar la electrificación de 108 municipios que significan el 37.8 por ciento de los municipios de Honduras, como respuesta a los detractores del gobierno que dicen que no se está haciendo nada, concluyó el ingeniero Jack Arévalo.

Tiempo/9 de abril de 1987

En Sta. Bárbara:
LAS VEGAS SERÁ ELEVADO A MUNICIPIO: JOSÉ AZCONA

TEGUCIGALPA. El presidente José Azcona en declaraciones dadas en la ciudad de Danlí, El Paraíso, confirmó la creación del nuevo municipio de Las Vegas, donde está localizado el mineral de El Mochito, en Santa Bárbara.

El mandatario hondureño señaló que a esta comunidad se le dará el rango de municipio, ofreciendo a sus pobladores darles mantenimiento a sus vías de comunicación, además de otras atenciones en distintos aspectos que beneficien a ese lugar.

El gobierno está dispuesto a sacrificarse, al igual que la Empresa Nacional de Energía Eléctrica, pero es necesario que se haga conciencia nacional y que no sea como la vez pasada que dimos un subsidio de dos millones de lempiras, recibiendo únicamente "palos como respuesta".

Con respecto a la ida de la empresa minera, el presidente Azcona dijo no creer que la misma se quede, agregando que, en una reunión con miembros de la Cámara de Comercio de Cortés, se planteó la posibilidad de que la compañía permanezca aquí o que sea vendida a otra empresa extranjera.

Tiempo/9 de abril de 1987

NI DERROTISTAS NI PESIMISTAS: AZCONA

El presidente Azcona firma en la ciudad de Danlí, el proyecto de electrificación con el cual serán beneficiados diez municipios de El Paraíso y dos de Francisco Morazán. Acompañan al mandatario el ministro de Recursos Naturales, Rodrigo Castillo, y el gerente de la ENEE, Jack Arévalo. *(Foto Salinas).*

La Prensa/9 de abril de 1987

EMBAJADOR DE EE UU Y ASESORES SE REUNIERON CON AZCONA HOYO

TEGUCIGALPA. - El Embajador Norteamericano en Honduras, Everett Briggs, acompañado de sus principales asesores económicos, se entrevistó ayer con el presidente José Azcona para analizar la situación económica del país y la ayuda que esa nación proporciona al nuestro.

"Estamos aquí con nuestros asesores económicos hablando de asuntos de interés mutuo sobre el programa efectuado a través de la Agencia Internacional para el Desarrollo (AID), pero estos son asuntos rutinarios", declaró el embajador Briggs.

Al ser interrogado sobre si es cierto que hay una iniciativa del senador demócrata Christoper Dogg orientada a coartar la ayuda económica para Honduras en un 40 por ciento, el funcionario dijo que por su posición no podía comentar las actuaciones de los congresistas.

"Lo que puedo comentar es lo que está haciendo nuestra administración con sus programas de ayuda, que precisamente es una intención muy clara", afirmó Briggs, a juicio de representantes de

Reagan en Honduras los congresistas de su país tienen todo el derecho a expresarse respecto a la asistencia económica que Estados Unidos brinda a nuestro país.

Reunión del Presidente de la república, ingeniero José Simón Azcona Hoyo con el director de la AID y el embajador de Estados Unidos en Honduras. *(Fotos Aulberto Salinas).*

La Prensa/9 de abril de 1987

Presidente Azcona
"NI CONFORMISTAS NI DERROTISTAS"

TEGUCIGALPA. - El presidente reafirmó que está dispuesto a meter las manos al fuego "por la honorabilidad de los ministros" porque han sabido responder con lealtad e instó al pueblo a "tener fe en Honduras y en nuestros valores".

El gobernante se expresó en estos términos luego de haber firmado un proyecto de electrificación en la ciudad oriental de Danlí, donde saldrán beneficiados once municipios de El Paraíso y dos de Francisco Morazán.

"No vamos a desmayar, ni nos vamos a achicopalar, como se dice vulgarmente por las críticas contra el gobierno", afirmó el mandatario.

"Hasta hoy se ha respetado al presidente de la República, pero se ha criticado a sus ministros como si en este país hubiera universidades y colegios para preparar hombres para ser ministros", dijo.

El presidente José Azcona se hizo presente a la ciudad de Danlí en compañía de los titulares de Recursos Naturales y de la ENEE para firmar un proyecto de electrificación a un costo de 10 millones de lempiras. *(Foto de Aulberto Salinas).*

El presidente aseveró que "somos un país que requiere de organización, por lo tanto, los ministros de este gabinete son tan buenos como los de otro".

El mandatario prometió seguir "dando pasos firmes" en la conducción de los destinos del país que lo lleven a un desarrollo conforme a sus posibilidades de manera que "es necesario que no seamos conformistas ni derrotistas o sea que no debemos estarnos quejando por los problemas que tenemos", sugirió.

"Tenemos que tener fe en Honduras y en nuestros valores", subrayó.

En la firma del proyecto de electrificación que será ejecutado por la compañía alemana Brown Boveri a un costo de diez millones de lempiras, asistieron los ministros de Recursos Naturales, Rodrigo Castillo, por Comunicaciones y Obras Públicas, Juan Fernando López, el gerente de la ENEE, Jack Arévalo, un representante de la firma alemana y los alcaldes de los municipios beneficiados.

Azcona estimó que al haber energía en la zona de occidente también habrá agua potable en virtud que se podrán extraer las aguas subterráneas del valle de Jamastrán".

Por el departamento de El Paraíso los pueblos que serán electrificados son: Güinope, Teupasenti, San Matías, Morocelí, Potrerillos, Jacaleapa, Danlí, El Paraíso, Oropolí, Alauca y el valle de Jamastrán, en tanto, por el departamento de Francisco Morazán Maraita y San Antonio de Oriente.

La Prensa/9 de abril de 1987

Editorial

AZCONA Y LOS GRINGOS

En su apariencia física, el presidente José Azcona se parece a los norteamericanos. Por ello, durante las pasadas elecciones que lo llevaron al poder un soldado de ese origen no ocultó su simpatía por el entonces candidato del Partido Liberal.

Las relaciones de Honduras con los Estados Unidos de América se han caracterizado por principios ideológicos afines y el deseo común de sostener el sistema democrático, las libertades básicas fundamentales y la paz en la región.

El informe de la Comisión Bipartidista de los Estados Unidos sobre Centroamérica, conocida como la Comisión Kissinger, reconoció los grandes errores que ha tenido la política exterior de los Estados Unidos en el pasado y la necesidad de un nuevo enfoque que tome en cuenta los intereses y las capacidades de los países centroamericanos para buscar la cooperación hacia la democracia en base al respeto mutuo.

Si la democracia de los Estados Unidos es estratégica en su concepción, determinada en su enfoque y firme en su ejecución, la Comisión Bipartidista concluyó que existe una oportunidad para encontrar soluciones políticas en Centroamérica.

Dentro de ese contexto, el 24 de junio de 1986, el presidente Ronald Reagan manifestó: "Muy a menudo en el pasado los Estados Unidos han fallado en identificar las aspiraciones de los pueblos centroamericanos por la libertad y un mayor bienestar. Frecuentemente, nuestro gobierno ha parecido indiferente cuando los valores democráticos estuvieron en riesgo en Centroamérica. Ahora, sin embargo, con el apoyo de los Estados Unidos en Centroamérica la democracia revive y en El Salvador, Honduras, Costa Rica y Guatemala, nuevos gobiernos electos ofrecen a los pueblos una mejor oportunidad para el futuro"

Como Honduras es el factor de balance en Centroamérica, se ha constituido en el mejor aliado de los Estados Unidos de América en el área, aparentemente existen sectores interesados y tontos útiles que están tratando de que Honduras cambie sus relaciones y entre en conflicto con la Nación del Norte.

Para ello se tiende a tergiversar las declaraciones del presidente Azcona y de una entrevista de aproximadamente una hora solamente se pasa por televisión un minuto, especialmente en lo que se considera que puede crear problemas para las relaciones entre nuestro país y EE. UU.

En marzo de 1987, la administración Reagan presentó al Congreso de los Estados Unidos el informe especial N°. 162 que destaca un plan para conceder financiamiento a las recomendaciones de la Comisión Bipartidista sobre Centroamérica.

Aun cuando el presidente Azcona ha manifestado que "no vamos a caer en esa red y no nos vamos a poner a pelear con los gringos o con ningún otro país, pues lo que quieren es pescar en río revuelto", los sub-comités de la Cámara y el Senado de los Estados Unidos que tienen que ver con el Hemisferio Occidental recientemente han reducido la asistencia económica y militar solicitada por la administración Reagan para Honduras.

Frente a esta realidad se requiere mejorar nuestra capacidad negociadora en Washington y definir una política exterior clara y visionaria que considere las relaciones de Honduras con los Estados Unidos de América, basándolas fundamentalmente en la necesidad de promover el desarrollo, la paz y la democracia en Centroamérica.

Mientras los demócratas y republicanos no se pongan de acuerdo en la necesidad de una política exterior coherente y consistente de Estados Unidos hacia Centroamérica, el presidente Azcona debe insistir en la necesidad de una política bipartidista de Honduras hacia los Estados Unidos, dentro de los programas políticos del Partido Liberal y del Partido Nacional.

Frente a la crisis centroamericana y el rol de Honduras como factor de balance en el área, se imponen los intereses nacionales y es necesario manifestar un mayor apoyo para el presidente

Azcona en sus relaciones con los Estados Unidos de América y con cualquier otra nación industrializada que tenga intereses legítimos en la problemática de América Central.

La Prensa/10 de abril de 1987

El Presidente José Azcona luce el casco militar mientras observa los juegos de guerra ayer en el Primer Batallón de Artillería, en Zambrano. Junto con él, Carlos Montoya, presidente del Congreso Nacional

Tiempo/10 de abril de 1987

<u>Al celebrar aniversario</u>
SOBERBIA DEMOSTRACIÓN EN BATALLÓN DE ARTILLERÍA

TEGUCIGALPA. Con una soberbia demostración de fuego de artillería con apoyo aéreo y de infantería contra un supuesto objetivo enemigo, celebró ayer su 17 aniversario de fundación el Primer Batallón de Artillería, localizado en la comunidad de Zambrano, Francisco Morazán, a cargo del coronel Héctor René Fonseca.

Los actos de conmemoración se iniciaron con el arribo del Presidente José Azcona, acompañado del comandante en Jefe de las Fuerzas Armadas, general Humberto Regalado Hernández, y los miembros del Consejo Superior de la institución militar.

El presidente Azcona resaltó durante su intervención la importancia del avance tecnológico de esta arma considerada por la ciencia y el arte militar, como algo indispensable en complemento a las actividades de maniobra de la infantería.

"Resulta interesante señalar -dijo Azcona-que 17 años después el Primer Batallón de Artillería, es una muestra incuestionable de que los grandes esfuerzos realizados por sus jefes, oficiales, clases y soldados, dieron frutos positivos y son los logros que hoy en día están coadyuvando en gran medida al imperio de nuestra soberanía y al mantenimiento de nuestra integridad territorial".

Azcona resaltó también la importancia del papel que cumplen las Fuerzas Armadas "en los momentos actuales, cuando Centroamérica se debate en la peor crisis política e ideológica de su historia republicana".

"El papel de nuestras Fuerzas Armadas es trascendente como base firme de nuestra sustentación democrática, constitucional y republicana", agregó.

Luego continuó diciendo que "el contexto de relieves históricos que se han producido en el istmo centroamericano, por el encuentro en la región de fuerzas sociales incompatibles, hace patente nuestra necesidad de fortalecer el aparato nacional de la defensa para poder confiar en que los hondureños seguiremos viviendo en el sistema de gobierno y en la forma de vida que hemos escogido libremente".

En tanto, el jefe de las Fuerzas Armadas destacó la importancia que tiene para la defensa de nuestra soberanía e integridad territorial, la existencia del Primer Batallón de Artillería.

"Por eso celebramos hoy, con verdadero júbilo este nuevo aniversario del batallón insignia de la artillería hondureña", dijo Regalado Hernández, y enseguida prometió que esta unidad seguirá sus intensos programas de adiestramiento y capacitación, con la seguridad de que alcanzará su máxima capacidad operacional para acrecentar sus posibilidades de éxito en el diario desafío que representa la situación actual".

El comandante Héctor René Fonseca agradeció al general Regalado Hernández "su gran interés y valioso apoyo moral, técnico y financiero para convertir esta unidad militar en una máquina de guerra moderna, al servicio de Honduras":

En el acto se entregaron placas y pergaminos a oficiales y soldados destacados, entre ellos el soldado Jesús Palau Ávila, el sargento raso Ángel Rodríguez y José Luis Oliva.

JUEGOS DE GUERRA

Terminados los actos protocolarios, el comandante de la unidad invitó a los asistentes, entre ellos funcionarios del gobierno y directivos del Congreso Nacional, a presenciar maniobras de combate que se escenificaron en una hondonada dentro de los límites del Batallón de Artillería.

Se trataba de una operación de toma y ataque a un objetivo enemigo, durante la cual varios aviones, en secuencia, A-37, super misterio, C-101, atacaban con bombas el blanco, seguidos por juegos de preparación de artillería y después una operación aeromóvil con tropas de infantería.

Tras quince minutos de que los aviones bombardearon el blanco, el narrador de la operación dijo categóricamente que "si ese hubiera sido un BM sandinista (una lanzacohetes), ya se hubiera destruido completamente".

Una vez destruido el blanco, 137 elementos de infantería, junto con seis oficiales fueron desembarcados en el área, protegidos por unidades áreas. Trece helicópteros UHIV fueron los encargados de transportar a una compañía del Primer Batallón de Infantería.

Todas estas maniobras eran observadas desde un mirador por el presidente Azcona e invitados especiales, habiendo los militares concedido al gobernante el honor de elegir un blanco para que fuera abatido con cañones 150 milímetros. La operación terminó con el lanzamiento de varios paracaidistas.

Azcona, militares y otros funcionarios pasaron después a disfrutar de un almuerzo preparado con motivo de la celebración.

El Presidente Azcona con el teniente coronel René Fonseca y el general Regalado Hernández.

Algunas de las modernas piezas de artillería que han convertido a la unidad militar en "una máquina moderna de guerra".

TIEMPO/10 DE ABRIL DE 1987

DEMUESTRAN PODERÍO EN ZAMBRANO

Éstos dieron la señal para que los Super Mystere dispararan granadas, cohetes y fuego de metralla sobre hipotéticas posiciones de abastecimiento en un puesto de avanzada.

Igual acción hicieron los cazas A-37 que después fueron imitados por los 101.

Cuando éstos cumplieron sus misiones de aniquilamiento, el fuego de artillería se abrió contra el objetivo, que fue arrasado en su totalidad cuando helicópteros artillados "limpiaron" la zona para que la infantería aerotransportada tomara posesión del lugar.

En los disparos se demostró certeza, sobre todo en los jefes de escuadrillas que dieron en el blanco en todos sus disparos. Lo mismo ocurrió cuando los cañones hicieron sus disparos directos e indirectos.

Al concluir el programa, cinco paracaidistas acrobáticos descendieron en un campo del batallón para entregar una placa al comandante de la unidad, teniente coronel Fonseca López. Todos los paracaidistas cayeron en el lugar preciso aun cuando, por sus maniobras en el aire, se hacía creer que ocurriría todo lo contrario.

Fueron entregados reconocimientos a la mejor batería, al mejor oficial, teniente Adán Jesús Palau Ávila y al sargento primero Andrés Ricardo Canelo Valladares, quien por sus méritos será asignado al Primer Batallón de Artillería Antiaérea, que crearán en breve, con sede en El Taladro, Comayagua, mientras que el Sexto Batallón asentado en ese lugar será trasladado a El Paraíso.

Por primera vez se usaron en Honduras los cañones de 155MM, con alcance de 33 kilómetros, para demostrar la capacidad de combate de los artilleros hondureños y de las armas que poseen para defender la soberanía nacional. (Foto Fajardo).

La Tribuna/10 de abril de 1987

AZCONA: NECESITAMOS FORTALECER LA DEFENSA

El presidente José Azcona manifestó que "en los momentos actuales, cuando Centroamérica se debate en la peor crisis política e ideológica de su historia republicana, el papel de nuestras Fuerzas Armadas es trascendente como base firme de sustentación de nuestras instituciones democráticas, constitucionales y republicanas".

Advirtió que "el conflicto de relieves históricos que se ha producido en el istmo centroamericano, por el encuentro en la región de fuerzas sociales incompatibles, hace patente nuestra necesidad de fortalecer el aparato nacional de la defensa".

Esto "para confiar en que los hondureños seguiremos viviendo en el sistema de gobierno y en la forma de vida que hemos escogido libremente y que se basa en el imperio de la Constitución y de la democracia", afirmó.

"Creo que todos en Honduras, dijo, tenemos plena conciencia de la gran responsabilidad que debemos asumir si queremos mantener intactas las instituciones que son sagradas para nosotros, como la libertad, el estado de derecho, la justicia y el mayor bienestar social para el beneficio de las grandes mayorías de pueblo".

Señaló que a 17 años de fundado el Primer Batallón de Artillería "es una muestra incuestionable que los esfuerzos realizados por todo su personal dieron frutos positivos que coadyuvan en gran medida al imperio de la soberanía nacional y el mantenimiento de nuestra integridad territorial".

Soldados del Primer Batallón de Infantería desembarcan luego de ocupar una posición "enemiga" 137 soldados y seis oficiales de esa unidad militar. Fueron utilizados 14 helicópteros y nueve aviones (Super Mystere, A-37 y cazas 101), seis cañones de 105 MM. y uno de 155MM. participaron. (Foto Fajardo).

La Tribuna/10 de abril de 1987

AZCONA: NECESITAMOS FORTALECER LA DEFENSA

El comandante del Primer Batallón de Artillería, de Zambrano, coronel Héctor Fonseca López, declaró ayer que Honduras "necesita hombres que se olviden y entierren los egoísmos, los odios infecundos, la demagogia y el madruguismo político". La celebración del 17 aniversario de esa unidad fue encabezada por el presidente José Azcona y el jefe de las Fuerzas Armadas, general Humberto Regalado, quienes son vistos luciendo cascos militares mientras presenciaban ejercicios de artillería. El mandatario expresó que el conflicto regional "hace patente nuestra necesidad de fortalecer el aparato nacional de defensa". Información en las páginas 8 y 9. *(Foto de Mario Fajardo)*

ESFUERZO EXTRAORDINARIO PIDE REGALADO A LOS HONDUREÑOS

El de las Fuerzas Armadas, el general Humberto Regalado Hernández, sostuvo que la institución castrense "no sólo busca alcanzar la gloria en el campo de batalla, sino también en las edificantes trincheras de la paz".

El alto jefe castrense rememoro que el Primer Batallón de Artillería nació en la aldea de Lepaterique, el 13 de abril de 1970. A medida que pasó el tiempo, creció en número y experiencia y fortalecimiento de sus ideales en defensa de la patria, mantenimiento de la paz, la libertad y la democracia hondureñas.

Pero también, dijo que las Fuerzas Armadas "tratan de sobresalir en las edificantes trincheras de la paz y todas aquellas campañas patrióticas que tiendan a propiciar el bienestar de la sociedad hondureña".

En ese sentido, las Fuerzas Armadas también interpretan "la dura realidad que nos circunda, la que debemos transformar todos los hondureños en un esfuerzo extraordinario para alcanzar metas de superación, desarrollo efectivo y progreso nacional, si en verdad pretendemos forjar, y de inmediato, la grandeza de Honduras".

Afirmó que todos los que tenemos la honra de llamarnos soldados de Honduras, estamos plenamente convencidos de esta responsabilidad. Sabemos que sobre nuestros hombros radica la seguridad del pueblo y la defensa de la Patria".

Comprendemos que las armas, el arado y los libros son el soporte en que se sostienen los principios básicos de la nacionalidad y las herramientas con que se construye los cimientos indestructibles de una nación libre, próspera y feliz que asienta un pueblo digno y valeroso, dueño y artífice de su propio destino", enfatizó.

El general Regalado expresó que "para cumplir con delicadas tareas, la institución armada está inmersa en un intenso programa de adiestramiento y capacitación, segura de alcanzar e incrementar sustancialmente su máxima capacidad operacional para acrecentar su capacidad de éxito en el diario desafío que nos presenta la situación actual".

El general Humberto Regalado Hernández al saludar a los miembros del Primer Batallón de Artillería. Remarcó en la responsabilidad militar de preservar la paz y la democracia, con las armas y el trabajo, que tiene el soldado hondureño. *(Foto Fajardo)*

La Tribuna / 10 de abril de 1987

ENTRE LÍNEAS

Como para no perder la costumbre, el presidente del Congreso se presentó una hora 15 minutos retrasado a la ceremonia del Primer Batallón de Artillería. Llegó cuando casi todo había terminado y prácticamente sólo fue a que lo "militarizaran", muy sintomáticamente, con un casco que le hacía lucir muy "interesante".

Para presenciar el simulacro de ataque y "destrucción" de un puesto enemigo, a todos los invitados, se les ofreció un casco militar. Hubo algunos que lucían muy espectaculares y, en broma y en serio, comentaban su nueva condición de "reclutas" temporales. Uno de ellos fue el candidato Jorge Maradiaga.

El acompañante de Maradiaga, el diputado Diógenes Cruz no quiso ponérselo, no por "insubordinación", sino por no ser motivo de risa de los concurrentes. Es que algunos parecían hongos, por lo chiquito y regordetes.

Cuando se practicaba fuego a un blanco, se le preguntó al presidente José Azcona a quién escogía para que los artilleros probaran su puntería. El gobernante señaló el número dos (cada objetivo tenía un número). Al oírlo, el alipista Enrique Ortez Turcios le dijo a Jacobo Hernández: "el número dos es la bancada nacionalista".

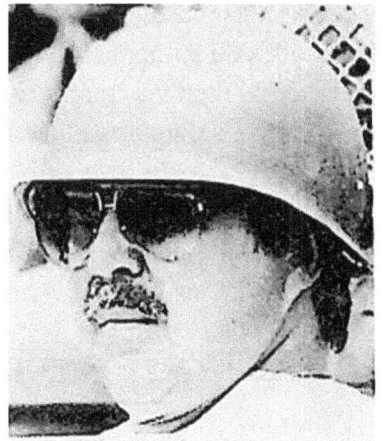

Carlos Montoya

Jorge Maradiaga

La Tribuna/10 de abril de 1987

DEMOSTRACIÓN DE PODERÍO DEL PRIMER BATALLÓN DE ARTILLERÍA AL CONMEMORAR 17 ANIVERSARIO

ZAMBRANO, FRANCISCO MORAZÁN. Con el desarrollo de una "verdadera" campaña militar en la que los juegos militares llegaron a su máximo nivel, el Primer Batallón de Artillería con sede en esta comunidad celebró su XVII aniversario de fundación con la presencia del presidente

69

José Azcona Hoyo, el jefe de las Fuerzas Armadas, general Humberto Regalado Hernández, y la mayoría de los comandantes de las unidades de combate.

Los actos dieron inicio a las nueve de la mañana, como estaba programado, con la llegada de Azcona Hoyo y su comitiva, quienes fueron saludados con salvas de honor por una cuadrilla de artilleros.

Luego vino el desarrollo de los actos protocolarios que incluyeron además de los tradicionales discursos del comandante de la unidad y el presidente de la nación, la entrega de placas de reconocimiento de otras unidades y cuerpos de las Fuerzas Armadas.

COMIENZA EL FUEGO

Una vez concluidos los actos los organizadores del aniversario del batallón invitaron a la comitiva presidencial, así como al resto de invitados, que incluía a una buena cantidad de diputados y ministros de gobierno, a presenciar lo que se consideró después como las "mejores maniobras militares que se realizaron en el país en los últimos cuatro años", según los asistentes a la misma.

Una operación conjunta del arma aérea, la infantería y la artillería simuló una operación de toma de un lugar ocupado por los enemigos, pero en esta ocasión se utilizó "fuego vivo", como llama la jerga castrense al material bélico.

En primer lugar, una escuadra de aviones de la Fuerza Aérea Hondureña (FAH), integrada por aviones Super Mystere, A-37, los cazas 101, Tucanos y helicópteros 1H-UH comenzó a bombardear posiciones "enemigas" las cuales habían sido previamente identificadas.

Para la operación las aeronaves de la FAH utilizaron bombas, rockets y granadas que dejaron caer sobre las posiciones y posteriormente ametrallaron el sector identificado.

La operación duró aproximadamente 20 minutos y posteriormente helicópteros artillados de la FAH procedieron a "limpiar" el área con otra dosis de ametrallamiento.

Después una escuadra de 14 helicópteros del tipo 1H-UH aerotransportó una compañía del Primer Batallón de Infantería conformada por 145 efectivos en total para que realizaran el asalto final y tomaran posesión del lugar capturado.

Los fusileros de la infantería utilizaron sus armas de reglamento para realizar la operación encomendada por el Centro de Operaciones de las maniobras, realizadas en un 100 por ciento por efectivos hondureños, que en esta ocasión no contaron con el auxilio de las tropas norteamericanas.

Sin embargo, cuando los fusileros de la infantería avanzaban al sector fueron protegidos por fuego de la artillería hondureña que utilizó sus cañones 105 MM y 155 MM para las acciones. Es de hacer notar que por vez primera las Fuerzas Armadas presenta los cañones 155 MM en acto público, los mismos tienen un alcance de 30 kilómetros.

La acción de los artilleros fue considerada como la más brillante y eficaz de la operación, ya que sus disparos siempre dieron en el blanco establecido.

Además, la cobertura que brindaron a los fusileros para el "asalto final" fue ejemplar efectuar disparos múltiples que dieron en los tres puntos previamente escogidos.

Incluso pidieron al presidente Azcona Hoyo que seleccionara uno de los puntos para ser bombardeados y la precisión con que se ejecutaron arrancó aplausos de los presentes.

La mayoría de los miembros del ejército que estaban presentes, así como los funcionarios civiles, quedaron admirados de la precisión y capacidad de la unidad de combate, que es la insignia de las Fuerzas Armadas en el campo de la artillería.

La operación fue dirigida por el coronel Edgardo Mejía Ramírez, comandante de la FAH, y el teniente coronel Héctor René Fonseca, comandante del Primer Batallón de Artillería.

Durante los actos salió golpeado un efectivo que fue arrollado por una de las baterías de artillería mientras se desplazaban a las operaciones.

En los actos se anunció que próximamente las Fuerzas Armadas crearán el Primer Batallón Antiaéreo de Honduras, el cual estará localizado en la comunidad de El Taladro, Comayagua, actual sede del Noveno Batallón de Infantería, que será desplazado a un sector fronterizo del país todavía no identificado.

Un helicóptero de la FAH procede a "peinar" la zona, luego que los aviones bombardearon el lugar en unas maniobras efectuadas ayer. *(Foto Efraín Salgado).*

El teniente coronel Héctor René Fonseca, comandante de los artilleros, pidió un cese a la demagogia y el madruguismo político. *(Foto Efraín Salgado).*

El general Humberto Regalado Hernández cuando intervino ayer en Zambrano. *(Foto Efraín Salgado).*

El Heraldo/10 de abril de 1987

Coronel Héctor René Fonseca:

NECESITAMOS HOMBRES QUE ENTIERREN LA DEMAGOGIA Y EL MADRUGUISMO POLÍTICO

ZAMBRANO, FRANCISCO MORAZÁN. Honduras "necesita hombres que se olviden y entierren los egoísmos, los odios infecundos, la demagogia y el madruguismo político", afirmó ayer el comandante del Primer Batallón de Artillería con sede en esta comunidad, teniente coronel Héctor René Fonseca, durante su intervención en los festejos de aniversario de la unidad.

El mensaje del comandante militar estaba dirigido a los políticos, aunque no los citó directamente, y en el mismo tácitamente señalaba el cansancio por la agitada actividad partidaria que han desarrollado los dirigentes de los grupos políticos del país.

Al respecto señala que en "los momentos actuales de crisis, polarización y atomización de nuestra sociedad, degeneración de nuestros tradicionales valores y erupción incontenible de la criminalidad común y política, aunados a la amenaza externa exigen de nosotros los hombres de uniforme nuevas disciplinas y responsabilidades militares y ciudadanas", aunque no las definió en que consistían.

En su velada crítica al estamento político hondureño, los diputados asistentes al acto resignadamente escuchaban en un estrado superior. El teniente coronel Fonseca dijo que "la hora ha llegado para que cerremos filas alrededor de nuestros líderes y dirigentes" trabajando en pro de metas, de objetivos comunes y nacionales.

Para lo anterior el comandante militar indicó que no sólo se requiere dosis de sacrificio, sino evitar caer en los errores de las sociedades vecinas, destruidas por el odio entre sus hermanos, la explotación del hombre por el hombre y del derramamiento de sangre.

Todo lo anterior constituye un "sacrificio inútil y consecuencia directa del alineamiento y adopción de doctrinas divorciadas" de los principios democráticos legados por los héroes de la patria y que fueron abrazadas por las sociedades vecinas.

El comandante del Primer Batallón de Artillería apuntó que además de los temas expuestos también debe mantenerse la capacitación y voluntad firme e inquebrantable para conservar la paz y el orden público, así como preservar la tranquilidad e inviolabilidad del territorio hondureño, así como cooperar en la búsqueda de la solución a los problemas seculares que agobian y atentan contra el bienestar de la sociedad.

El presidente del Congreso Nacional Carlos Montoya, no pudo escuchar el mensaje crítico del teniente coronel Fonseca ya que llegó tarde a los actos, pero el resto de diputados liberales y nacionalistas escucharon el mensaje dirigido en forma tácita a ellos.

El teniente coronel Héctor R. Fonseca explica al presidente Azcona, al general Regalado Hernández la modalidad de los disparos de artillería. *(Foto Efraín Salgado).*

El Heraldo/10 de abril de 1987

- **EN LA "ONDA". -** Los cascos militares se pusieron "de moda" ayer durante el décimo-sétimo aniversario del Primer Batallón de Infantería, localizado en Támara, como puede apreciarse en la gráfica, donde además del coronel Luis Alonso Cardona, ministro de Defensa, también lucieron con tales atuendos el presidente de la República, José Azcona y el presidente del Congreso, Carlos Montoya. En los actos hubo una soberbia demostración de poderío de la unidad militar. *(Foto de Efraín Salgado).* **Inf. Págs. 58 y 59.**

El Heraldo/10 de abril de 1987

EMBAJADOR CONFIRMA QUE AZCONA VISITARÁ MÉXICO

MEXICO, DF, ABR. (EFE). - El presidente de Honduras, José Azcona Hoyo, visitará México, "en fecha próxima", informó el embajador hondureño en México, José Ayax Zúniga.

El diplomático, que no precisó la fecha del viaje de su presidente señaló que la visita se producirá después de que Azcona Hoyo realice una gira por Europa.

Asimismo, indicó que el gobierno de Honduras espera conseguir en México acuerdos de cooperación económica, ya que actualmente la balanza comercial entre ambos países es favorable para los mexicanos en 250 millones de dólares al año.

Ayax Zúniga señaló que las relaciones diplomáticas entre México y Honduras son "muy buenas", como lo prueba el hecho de que las inversiones mexicanas en territorio hondureño se han incrementado últimamente, gracias -sobretodo- a la construcción de una carretera en la zona occidental del país centroamericano.

El Heraldo/10 de abril de 1987

Por publicación de LA PRENSA
AZCONA ENTREGARÁ PUPITRES A ESCUELA

TEGUCIGALPA. - Dentro de dos semanas el presidente de la república, José Azcona Hoyo a través de la administración de Casa Presidencial entregará el mobiliario a la escuela "Rafael Pineda Ponce" de la colonia 3 de mayo de esta ciudad.

Así lo confirmó ayer la directora del establecimiento, profesora Aminta de Ramos quien amplio diciendo que a raíz de la publicación de "LA PRENSA" en su edición del tres del mes en curso ese mismo día llegó un enviado de la administración de Casa de Gobierno José Hermes Romero.

En esa oportunidad se informó que dicha escuela funciona con un déficit de 400 pupitres para una población de mil 300 alumnos, quienes en su mayoría reciben clases en reducidas aulas, sentados sobre el piso.

Refirió la entrevistada que el enviado de la presidencia le dijo que presentaran una solicitud formal ante el administrador Jaime Gaitán quien de antemano les otorgó una cita para la entrevista.

Fue así como acudieron al llamado del mandatario a través de los subalternos para exponerles una serie de problemas con mayor énfasis la falta de sillas y mesas para recibir el pan del saber, obteniendo como respuesta que dentro de dos semanas les entregarán los pupitres faltantes.

La Prensa/11 de abril de 1987

[Tenis de mesa]
POLÍTICOS, DIPLOMÁTICOS Y MILITARES DISPUTARÁN EL TORNEO "GENTE GRANDE"

TEGUCIGALPA. - Diario LA PRENSA logró en exclusiva el listado de las personalidades de nuestro mundo social, cultural, político, diplomático y militar que se han inscrito para participar en el primer Torneo de tenis de mesa (ping pong).

El certamen se realizará el viernes 24 de abril a partir de las 2:00 de la tarde, en el Club de Casa Presidencial y el mismo ha sido bautizado con el nombre de "Gente Grande" y todos sobrepasan los 45 años de edad.

El listado de los "Grandes" es el siguiente: Ing. José Simón Azcona, presidente de la República, General Humberto Regalado Hernández, comandante en Jefe de las Fuerzas Armadas y el Ing. Jaime Rosenthal Oliva, designado a la presidencia.

A estas figuras les siguen el Coronel Rafael Castro Arita, el coronel Carlos García Henríquez, el Dr. Carlos López Contreras, el embajador de los Estados Unidos, Everett Briggs, Teniente Coronel Mark Jones agregado de defensa de los Estados Unidos y el coronel norteamericano John Keith.

Asimismo, intervendrán el embajador del Israel, Shlomo Cohem, el embajador de España Fernando Gonzáles Camino García Obregón; el embajador de Brasil, Cyro Gabriel Do Espírito Santo, el agregado militar de China, Capitán de Navío Mario Fu, el gerente de la ENEE Ing. Jack Arévalo Fuentes, los empresarios Faizal Sikaffy, y Mario Belot y el periodista José Leonardo Galindo.

El presidente de la república Ing. José Azcona y el jefe de las Fuerzas Armadas, Gral. Humberto Regalado, serán protagonistas del campeonato "Gente Grande" de ping pong que se disputará en Tegucigalpa.

El general Humberto Regalado Hernández estará en la mesa No.1, y abrirá con el embajador de Israel, Shlomo. En la segunda mesa estará el Embajador de España Fernando Gonzáles Camino García con el periodista Leonardo Galindo.

En la mesa tres los militares norteamericanos Mark Jones y John Keith, en la cuatro el embajador de Brasil, Cyro Gabriel Do Espírito Santo y el agregado militar de China, Capitán Mario Fu.

Al primer mandatario le tocará jugar en la mesa tres en la segunda vuelta y se enfrentará al empresario Faizal Sikaffy.

La Prensa/11 de abril de 1987

SEMINARIO PARA ÁRBITROS DE BALONCESTO

SAN PEDRO SULA. - Un curso para árbitros de baloncesto se dictará en esta ciudad los días 23, 24 y 25 de abril en el Gimnasio Municipal Sampedrano y a él podrán asistir entrenadores, jugadores y árbitros para refrescar los conocimientos que se poseen.

El Curso de alto nivel será dictado por un instructor de la FIBA que llegará especialmente a nuestra ciudad a llevar a cabo tal misión que vendrá a mejorar los conocimientos técnicos y teóricos de quienes hacen del baloncesto un apostolado.

La Prensa/11 de abril de 1987

NUEVA LEYENDA LLEVARÁN IMPRESAS PUBLICACIONES DEL PODER EJECUTIVO

El ciudadano Presidente de la República, ingeniero José Azcona Hoyo, firmó recientemente un acuerdo por medio del cual se establece que a partir de la fecha todas las publicaciones del Poder Ejecutivo, boletines, memorias, folletos, libros, etc., llevarán en su carátula en la parte más visible la siguiente frase: "V CENTENARIO DEL DESCUBRIMIENTO DE AMÉRICA, ENCUENTRO DE DOS MUNDOS 1942-1992".

El presente acuerdo estará vigente hasta el día 31 de diciembre de 1992 y será efectivo desde la fecha de su publicación en el diario oficial La Gaceta, como en efecto ya fue publicado.

La anterior disposición obedece al deseo del gobierno hondureño de participar activamente en las celebraciones que todos los países hispanoamericanos vienen realizando desde hace algún tiempo, en víspera del V Centenario del Descubrimiento de América, que se conmemorará dentro de cinco años.

La Prensa/13 de abril de 1987

Debe publicarlo:
ABOGADOS EXIGEN AL PRESIDENTE INFORME SOBRE DESAPARECIDOS

La Comisión de Derechos Humanos del Colegio de Abogados de Honduras envió una carta pública al presidente José Azcona, solicitándole que a la mayor brevedad ordene la publicación íntegra del informe presentado por las Fuerzas Armadas sobre las 127 personas desaparecidas en los últimos años.

A continuación, la mencionada misiva:
Señor presidente:

La Comisión de Derechos Humanos del Colegio de Abogados ha venido gestionando con las autoridades civiles y militares el esclarecimiento del abominable crimen de las ciento veintisiete personas que se encuentran desaparecidas después de haber sido capturadas por las autoridades de seguridad o por cuerpos armados irregulares. Crimen sobre el cual el Gobierno no ha podido dar a la ciudadanía una explicación satisfactoria a pesar de las repetidas demandas que en tal sentido le han formulado los parientes de las víctimas y las organizaciones cívicas, hondureñas y extranjeras.

La Jefatura de las Fuerzas Armadas bajo la responsabilidad del General Walter López Reyes, integró una comisión de alto nivel castrense para que investigara este crimen y se dedujeran las responsabilidades penales a los responsables. Desgraciadamente, el informe que produjo tal Comisión, no fue hecho del conocimiento del pueblo, sino que se ha mantenido en reserva en el Despacho Presidencial y en la Jefatura de las Fuerzas Armadas.

En tal virtud y ahora que el General Walter López Reyes, ha declarado en la Cadena de Televisión Norteamericana CBS, revelando parte del Informe presentando por la referida Comisión Investigadora en la que denuncia las actuaciones de "escuadrones de la muerte" en los que se involucra a las fuerzas paramilitares ilegales de la "Contra Nicaragüense" y la participación de la CIA, la Comisión de Derechos Humanos del Colegio de Abogados, le solicita que ordene a la brevedad que el Informe presentado por la Comisión de las Fuerzas Armadas sobre los desaparecidos, que obra en su poder, sea publicado íntegramente para conocimiento del pueblo hondureño y para que las autoridades competentes y la ciudadanía en general, puedan presentar sus acusaciones o denuncias contra los presuntos responsables a efecto de que éstos sean castigados de conformidad con la ley.

El pueblo hondureño no puede continuar sometido por más tiempo a la ausencia de la incertidumbre en este crimen, que ha creado una atmósfera de sospecha y descrédito a las actuaciones de los cuerpos de policía y seguridad del país; y las autoridades tampoco pueden proyectar sombras de complicidad o encubrimiento en este crimen que ofende la dignidad de la humanidad civilizada.

Aprovechamos la oportunidad para reiterarle al señor presidente de la República, las muestras de nuestra consideración más distinguida.
MANUEL ACOSTA BONILLA/PRESIDENTE, RIGOBERTO FLORES ORDOÑEZ SECRETARIO
La Tribuna/11 de abril de 1987

EL PLAN NACIONAL DE DESARROLLO AL CONGRESO LA PRÓXIMA SEMANA

TEGUCIGALPA. - La noche del pasado viernes el presidente de la República presidió una reunión en la Casa de Gobierno, durante la cual se analizó el contenido del Plan Nacional de Desarrollo, informándose que luego de la efectividad de Semana Santa pasará a conocimiento del Congreso Nacional.

Estuvieron presentes delegados del Gabinete Económico, empresarios y obreros, anunciando el ingeniero Francisco Figueroa, ministro de Planificación Coordinación y Presupuesto, que el documento ha sido analizado en forma permanente y consciente, inscribiéndose todas aquellas sugerencias hechas por los sectores representados.

A juicio del funcionario, el Plan Nacional de Desarrollo se basa en su totalidad en el proceso equilibrado de la nación, modelo económico que se considera el más adecuado en las circunstancias que actualmente privan, impulsaron las exportaciones, reducir gasto público y procurar en todo momento mantener la paridad de nuestra moneda frente al dólar.

Prácticamente en esta reunión se dio el visto bueno al documento, varios de cuyos lineamientos se han puesto en práctica, según dijo a los periodistas el ingeniero Figueroa.

Se espera que con el plan al finalizar la presente administración se habrán alcanzado muchas metas en campos como la salud, educación y todo aquello que se relaciona con la infraestructura social del país.

El ingeniero Figueroa dijo que el plan es realista y ajustado a las necesidades que ahora tiene Honduras.

El Presidente José Simón Azcona presidió la noche del viernes una importante reunión, analizando por última vez el contenido del Plan Nacional de Desarrollo que después de Semana Santa será entregado al Congreso Nacional para su aprobación. *(Foto Aulberto Salinas).*

La Prensa/13 de abril de 1987

GABINETE DE AUTODIDACTAS

Hace ratos que el presidente Azcona viene repitiendo en público, cada vez que se le presenta una oportunidad, que "aquí no existe ninguna escuela de ministros", sin que el gobernante nos deje completamente claros respecto a qué quiere decir, realmente, con esa su constante afirmación.

Unos podrían interpretar esa sentencia como que los ministros que forman "el equipazo de los mejores", han ido a sus respectivos cargos a aprender a hacer su trabajo, desde luego que no ha habido aquí una escuela que previamente los haya entrenado y graduado para ser secretarios de Estado. En otros gobiernos que hemos tenido, siempre se pensó que el gobernante escogía su equipo de colaboradores entre los hombres más capacitados, es decir, los que mejor conocían los problemas generales del país y los específicos de la cartera asignada.

Ni en círculos intelectuales, ni entre el común de los hondureños se pensó que cualquiera podría ser llamado a ocupar una Secretaría del Estado, bajo el entendido de que, aunque no supiera nada, ya puesto en la oficina se revelarían en el sujeto unos extraordinarios recursos para aprender en tiempo récord, y así salir del duro paso, con éxito. Siempre se ha dado por sentado de que los gabinetes de gobierno los integran los presidentes con hombres versados en las disciplinas básicas de la administración pública y, desde luego, en las especializadas de sus funciones.

Pero el presidente Azcona ha descubierto otra cosa. Que se puede llegar a la presidencia de la República, como se va a una escuela, a aprender por dónde se le da cuerda al complejo aparatito.

Con tal concepto de los hombres públicos, ya no hace falta que en las campañas electorales los candidatos expongan sus planes de gobierno y que propongan, a manera de promesas al pueblo, las soluciones que, a su juicio, deberán darse a los diferentes problemas nacionales. Basta con que el candidato ande por ahí, de pueblo en pueblo, externando críticas al gobernante de turno y expresando sus deseos de que las cosas se hagan, en el futuro, de diferente manera, para lo cual, no sería necesario rodearse de los hombres más capacitados para el quehacer público, sino los más ávidos de ir a aprender cómo es que se gobierna.

Otros podrían interpretar la famosa frasecita -clisé del presidente Azcona- como una especie de disculpa que él tiene que estar repitiendo ante el público, por la incapacidad de la gente que él mismo escogió como "alumnos" de la Administración Pública y, por deducción lógica, "compañeros" suyos en el arte de "aprender". Pareciera que el gobernante quiere pedirnos a todos que "perdonemos a los hombres de su equipazo" porque no saben lo que hacen. Lo sabrían, claro, si "aquí hubiera escuelas para ministros". Pero no las hay.

Cuando se piensa que el primer administrador del Estado está dispuesto a que el pueblo pague cualquier precio, y generalmente el más alto, porque los amigos y colaboradores suyos aprendan lo que todos suponíamos que debían saber de antemano, estamos frente a un caso lamentablemente triste de tolerancia, de indiferencia, o de minusvalorización de las responsabilidades públicas, inherentes en alto grado a los secretarios de Estado. Es decir, que uno se queda bajo la impresión de que el presidente Azcona nos pide que no le demos importancia a los errores que se cometan desde la alta cúpula ejecutiva, porque los hombres a cargo de esas responsabilidades no estaban obligados, de previo, a saber, cuáles eran sus deberes, cuáles los problemas y qué posibles soluciones deberán dárseles.

Finalmente, si le damos a la susodicha frasecita más vueltas de pensamiento, hasta podríamos pensar que el mandatario hondureño faltó a la verdad cuando durante su campaña aseguraba a su auditorio que tenía la solución para algunos problemas, que conocía a profundidad lo que debería hacerse en cuanto llegase al poder, etc. Uno pensaría que no tenía ningún plan preconcebido para cuando asumiese sus deberes constitucionales, sino que, por el contrario, confiaba en que tanto él como su "equipazo" irían a aprender una vez en el cargo.

Nosotros, que sentimos pena cuando entre nosotros y en el exterior se comentan estas cosas, con toda la seriedad que siempre debe atribuirse a todo gobernante que, por serlo, habla en nombre de toda la nación, más bien quisiéramos pensar en forma diferente a como el presidente Azcona juzga a su equipazo: no que han ido allí para entrenarse y aprender sino que, a pesar de no haber aquí una escuela para ministros, ellos llegaron a sus cargos con los conocimientos necesarios y la debida experiencia, porque todos ellos son, para honra y gloria de la presente generación, brillantes auto-didactas.

La Tribuna/13 de abril de 1987

Carlos Medina
AZCONA TIENE PROBLEMAS PORQUE SU PARTIDO LO HA DEJADO SOLO

TEGUCIGALPA. - El candidato a designado presidencial por la fórmula del Partido Nacional en las elecciones de 1985, Carlos Medina, aseguró que el presidente José Azcona Hoyo "enfrenta problemas porque su partido lo ha dejado solo".

El profesional de la medicina que integró la planilla que encabezó Rafael Leonardo Callejas, subrayó que el gobernante está "prácticamente solo" por lo que debería ejecutar las acciones correspondientes para poner las cosas en orden.

Medina sostuvo que Azcona Hoyo es un hombre honesto y con voluntad para trabajar por Honduras "pero el desorden que vive internamente su partido le está haciendo daño", subrayó.

Afirmó que el nacionalismo seguirá apoyando a la administración de turno para mantener el sistema y garantizar la ascensión al poder en 1990, a "nuestro líder", Rafael Leonardo Callejas.

Según el ex candidato, Azcona Hoyo debería convocar a todos los aspirantes presidenciales que tiene el liberalismo para solicitarles una especie de tregua y "le permitan trabajar".

La Prensa/13 de abril de 1987

ACUSAN A MINISTRA DE DESCONOCER LA LABOR DE QUIENES AYUDARON A AZCONA

El vice-ministro de Educación, Cecilio Silva, acusó a la titular del ramo, Elisa Valle de Martínez, de desconocer la lucha de las personas que impulsaron la candidatura presidencial del ahora mandatario, José Azcona Hoyo.

Silva expresó tal criterio al censurar la actitud de la ministra Valle, quien ordenó la destitución del director del Programa de Alimentación Escolar, José Gilberto Pinto, a raíz del denunciado mal manejo de las donaciones europeas de leche.

"Como vice-ministro me oponía a que destituyeran a Pinto porque es una persona honesta, un gran maestro, y trabajó con nosotros en la campaña política", dijo Silva.

Añadió que la ministra Valle desconoce la trayectoria política de quienes lucharon para llevar al candidato Azcona a la Presidencia de la República, aunque más adelante señaló que "si ella encontró que Pinto es culpable, ella es la que manda".

"A lo mejor ahora andan tratando de buscar chivos expiatorios, pero la verdad es que todos somos culpables de esa situación", sostuvo Silva quien agregó que uno de los principales problemas que enfrenta el Ministerio de Educación es la falta de transporte para repartir la leche donada a las escuelas.

"La única partida que tiene el Ministerio es para llevar la leche a las escuelas urbanas y no al sector rural y por ello Pinto no tenía ninguna responsabilidad", concluyó.

El Heraldo/20 de abril de 1987

CENA DE GALA PRESIDENCIAL YA NO SERÁ EN MAYO

El

Dos aspectos logrados de la cena de gala del año pasado.

Olga Inés de Villeda, Relaciones Públicas de la Cruz Roja Hondureña, nos informó que la Cena de Gala Presidencial ya no se llevará a cabo en mayo próximo sino hasta el 12 de junio de este año. El cambio se debió a la cercanía de su actividad anterior a ésta, que vestirá sus mejores galas con la presencia del ingeniero Azcona y su esposa doña Miriam.

Heraldo/20 de abril de 1987

El chapuzón del Presidente

El Presidente de la República, José Azcona Hoyo, rodeado de guardaespaldas, aprovechó el feriado para irse de vacaciones a las playas de Telamar, acompañado de su señora esposa Doña Miriam de Azcona. *(Foto Selvin Peña).*

El Heraldo/20 de abril de 1987

SER JUEZ Y PARTE...

Hace pocos días, el presidente de México, ciudadano Miguel de la Madrid Hurtado, visitó Guatemala. Eso no tendría nada de extraño ni de sorprendente, al fin y al cabo, se trata de dos Estados vecinos, que tienen muchas cosas en común sobre las cuales discutir y eventualmente ponerse de acuerdo.

Lo que sí nos luce un tanto insólito, es que el Presidente de la nación mexicana, donde se acuñó la trillada frase de don Benito Juárez, "el respeto al derecho ajeno es la paz", pareciera que desconoce que cada país en el mundo puede hacer lo que le venga en gana, siempre y cuando no esté perjudicando a otros. Dicho de una manera diferente, el señor Presidente vino a criticar en territorio centroamericano que se estén efectuando maniobras militares en el istmo, lisa y llanamente incurrió en una intromisión flagrante en los asuntos de otra nación, puesto que se puso a criticar lo que es la soberanía de cada país.

No sabemos cómo explicará esto el gobierno mexicano, que suele ser tan escrupuloso en asuntos que considera que son de su exclusiva competencia, pero que no se detiene ante nadie, ni ante nada, cuando le interesa juzgar con severidad a los que no están de acuerdo con él en determinadas materias.

Si cuando el presidente Azcona, en un gesto de confianza habló con un periodista mexicano sobre ciertos temas sensibles, pero que son del dominio público, casi se produce en México una especie de ruptura de relaciones con Honduras, imagínese lo que sería si osara entrar en materias más complicadas, por más que existiera interés por parte de Honduras en abordarlas.

Ignora, o pretende ignorar don Miguel de la Madrid Hurtado, que lo de las maniobras no es una cuestión antojadiza ni innecesaria. Es sencillamente, una urgencia por parte de nuestro país que ve amenazada su estabilidad porque al otro lado de la frontera está un grupo de señores que consideran que es su deber expandir sus ideas y métodos.

Pero como no nos da la gana que así sea, tenemos que recurrir a países amigos para que nos ayuden, y eso lo puede hacer Honduras en base a su soberanía y porque lo estima conveniente para sus intereses.

En tanto que crítico, México es también miembro del casi fenecido Grupo de Contadora y ni esa circunstancia le hace actuar con mayor prudencia en el asunto, ya que resulta un tanto difícil de entender que se pueda a la vez ser juez y parte, puesto que si se está en el papel de mediador es preciso mantener la objetividad a ultranza, lo que no se compagina con su actitud crítica, cuando se censura las maniobras en las que Honduras está participando.

Claro que los mexicanos siempre han sido maestros de la dualidad, porque si en lo interno son rabiosamente anticomunistas, en su política exterior juegan y se complacen en asumir actitudes que saben que irritan a los Estados Unidos de América, en un afán de llevar las discrepancias superficiales a todos los terrenos.

Predican que hay que vivir en democracia y todo mundo sabe, aunque vengan luego las explicaciones oficiales, que se trata de un monopolio partidarista el que se ha impuesto por más de medio siglo y en tanto se propugna para otros la observancia de la Doctrina Estrada, ellos la siguen cuando les viene bien y la ignoran cuando así conviene a sus intereses.

No sería extraño, pues, que en ese afán de hacer las cosas más difíciles para nosotros, y sabiendo que entre la prensa dominada por el sistema carecemos de la simpatía de que goza ampliamente la revolución sandinista, se utilice ahora a esta joven que ha llegado a engrosar el número de personas que han encontrado en México un refugio para descansar, o quién sabe si para planear mejor sus actividades que no han podido realizar plenamente en Honduras y que no son ni más ni menos otra cosa que la subversión.

Para ello debemos estar preparados, puesto que de sobra sabemos que allá las puede más don Daniel Ortega, un presidente electo a la "mexican style", que don José Azcona, a quien le costó para llegar a su posición, primero tener que convencer al electorado hondureño.

Desde siempre creímos que esa dualidad de juez y parte sería decisiva para que la cuasi difunta Contadora no pudiera llegar a buen fin. Y luego que no se venga a decir que es que no hay voluntad política en los países de América Central.

Lo que no hay, es por desgracia mucha sinceridad y suficiente franqueza de aquellos que quieren ver la paja en el ojo ajeno, pero que no ven la enorme viga que tienen en el propio.

La Prensa/20 de abril de 1987

EN TELA DISFRUTARON VACACIONES EL PRESIDENTE AZCONA Y SU FAMILIA

TELA, ATLANTIDA. - "Ya días necesitaba de unas vacaciones", expresó el presidente de los hondureños, ingeniero José Azcona Hoyo, mientras salía de darse un "chapuzón" en las calmadas aguas de este puerto, donde permaneció disfrutando de un veraneo junto a su familia y en compañía de algunos de sus más cercanos colaboradores durante toda la Semana Santa.

Acompañado de su esposa, señora Miriam Bocock de Azcona, de sus hijos y del secretario de la Presidencia, doctor William Hall, y del director del Instituto Nacional Agrario (INA), ingeniero Mario Espinal, el mandatario llegó el Domingo de Ramos a este puerto, hospedándose en una amplia cabaña del Hotel Villas Telamar, mientras elementos de su guardia de seguridad y de los cuerpos policiales teleños ejercían una estricta vigilancia en el lugar.

El presidente Azcona Hoyo demostró sus cualidades de buen bañista, gran caminador y experto jugador de ping pong durante su permanencia en Tela, la cual no pasó desapercibida por los millares de veraneantes que llegaron a este puerto a vacacionar durante la celebración de la Semana Santa.

A las 8:00 de la mañana del martes, acompañado de sus guardaespaldas y de sus colaboradores, el presidente se dirigió a pie desde el hotel donde estaba hospedado hasta la comunidad garífuna de Tornabé, de la cual regresó a las 12:00 del mediodía, siempre caminando a orillas de las playas.

El miércoles salió a bañar durante una hora, el jueves no lo pudo hacer porque llovió todo el día, pero el viernes y sábado estuvo disfrutando de las aguas del Caribe, por espacio de varias horas. El presidente José Azcona Hoyo vestía una calzoneta roja, camiseta beige y una gorra azul y blanco.

A otro que se vio disfrutando de vacaciones de verano en Tela fue al precandidato presidencial por el Partido Liberal, doctor Ramón Villeda Bermúdez, así como al jefe del Estado Mayor de las Fuerzas Armadas, coronel Roberto Martínez Ávila y a la gobernadora política de Cortés, profesora Norma Castro de Gallardo. *(Reporte de Adelmo Argueta).*

La Prensa/20 de abril de 1987

AZCONA DISFRUTÓ DE SUS VACACIONES

El Presidente José Azcona Hoyo toma un baño en las aguas del mar Atlántico, en Villas Telamar, en compañía de guardaespaldas que lo acompañaron en sus vacaciones de Semana Santa, de las que dijo ser merecedor porque su trabajo como mandatario es agotador. Durante su estadía no trató ni asuntos políticos ni gubernamentales. *(Foto color de René Madrid, Separación de Manuel Jiménez).*

Tiempo/20 de abril de 1987

José Azcona:
ME MERECÍA ESTE DESCANSO

***Hoy se integra a su trabajo**

TELA, Atlántida. - "Todo está bien, en estos días de vacaciones he bañado tranquilo, me merecía este descanso… no he tratado nada del gobierno… sólo estoy vacacionando y el lunes me reintegro a la Casa de Gobierno a cumplir con mis obligaciones", fueron las cortas declaraciones del presidente de la República, ingeniero José Azcona Hoyo, quien, junto a su familia y cercanos colaboradores, disfrutó del período de Semana Santa en Villas Telamar de esta ciudad.

El presidente Azcona Hoyo, quien llegó aquí el lunes anterior rodeado de estrictas medidas de seguridad, fue alojado con toda su familia en la casa de huéspedes especiales de ese centro turístico, donde fue acondicionada una mesa de ping pong, su deporte favorito.

Al mandatario se le vio siempre acompañado del director ejecutivo del Instituto Nacional Agrario (INA), Mario Espinal y de su familia.

El lunes permaneció en su habitación junto a su esposa doña Miriam.

El martes a las 8:00 de la mañana inició un largo recorrido a pie por las playas de Villas Telamar hasta la comunidad de San Juan y Tornabé. En el trayecto, de aproximadamente 12 kilómetros, fue custodiado fuertemente por sus guardaespaldas, además de ser acompañado por el ingeniero Espinal. La travesía duró hasta las 12:07 del mediodía.

El miércoles, aprovechando la soledad de las playas, el Presidente tomó un baño de mar desde las 8:05 hasta las 9:25 de la mañana aproximadamente, siempre rodeado por elementos de seguridad. Luego, por la tarde, jugó tenis en una de las canchas del centro turístico.

El jueves, por la lluvia que azotó este puerto, el ingeniero Azcona Hoyo no salió de su habitación, pero recibió la visita de amigos y funcionarios.

El viernes a las 11:20 de la mañana el Presidente y su esposa, rodeados de guardaespaldas, algunas amistades y el ingeniero Espinal, bañaron en el mar por espacio de una hora con 25 minutos. Azcona Hoyo vestía una camiseta color beige, calzoneta roja con franjas blancas en los costados y se cubría la cabeza con gorra azul y blanco.

Al salir del mar el mandatario, los guardaespaldas intentaron cubrir con sus manos los lentes de las cámaras fotográficas, pues alegaron que Azcona Hoyo no quería ser fotografiado, versión que fue desvirtuada por el Presidente.

El ingeniero Azcona Hoyo posó brevemente para los fotógrafos y luego en veloz carrera por lo calcinante de la arena de la playa, se retiró a su casa seguido por más de ocho guardaespaldas.

El Presidente dijo en el corto diálogo con los periodistas que sólo estaba disfrutando de ese merecido descanso, ya que la labor gubernamental ha sido extenuante.

El Presidente Azcona Hoyo disfrutó de un baño de mar el viernes. Al salir dijo a los periodistas que disfrutaba de un merecido descanso.

El presidente Azcona Hoyo toma un baño de mar en el centro turístico Villas Telamar, en compañía de dos de los guardaespaldas que lo custodiaron durante sus vacaciones de Semana Santa.

La primera dama de la nación, doña Miriam de Azcona (de espaldas) en las playas de Villas Telamar en compañía del director del INA Mario Espinal y de otra acompañante no identificada.

Tiempo/20 de abril de 1987

AZCONA VACACIONÓ AL RITMO DEL PING PONG

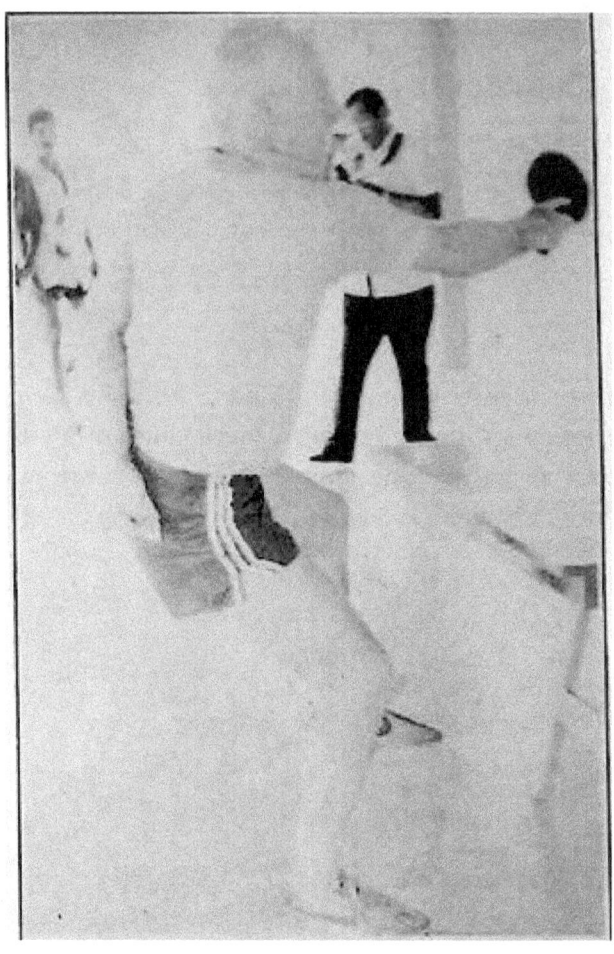

El presidente José Azcona durante su descanso veraniego en Villas Telamar dedicó muchas horas al ping-pong, su deporte favorito. Rodeado de estrechas medidas de seguridad, el mandatario con su familia estuvo alejado de problemas, colaboradores y seguidores desde el lunes anterior. Información en la página 10. *(Foto Rivera).*

La Tribuna/20 de abril de 1987

PRESIDENTES DE CENTRO AMÉRICA SE REUNIRÁN EN NUEVA ORLEÁNS

TEGUCIGALPA, (ACAN-EFE) Los presidentes de Centroamérica se reunirán en Nueva Orleáns, sur de Estados Unidos, antes de la "cumbre" de Esquipulas, se informó ayer en esta capital.

Los dirigentes de Costa Rica, El Salvador, Guatemala, Honduras y Nicaragua, aceptaron una invitación para visitar Nueva Orleáns del 16 al 20 de junio presentada por la Universidad de Tulane y la alcaldía de esa ciudad del sur estadounidense, anunció un portavoz de la Casa Presidencial en Tegucigalpa.

El presidente de cada una de esas naciones centroamericanas dictará una conferencia en la Universidad de Tulane sobre la situación política, económica y social de su país, ocasión que servirá para celebrar, en fecha aún no determinada, una "Mini-Cumbre" previa a la reunión que mantendrán en Esquipulas, Guatemala, el 24 de junio.

Recientemente, autoridades del ayuntamiento de Nueva Orleáns visitaron esos cinco países para invitar a sus presidentes, los cuales aceptaron.

El presidente de Honduras, José Azcona Hoyo, dialogará con sus colegas de Guatemala, Vinicio Cerezo, El Salvador, José Napoleón Duarte, Nicaragua, Daniel Ortega, y Costa Rica, Oscar Arias.

Los cinco presidentes del istmo se reunieron por última vez el 15 de febrero en San José de Costa Rica, a iniciativa del jefe de Estado de aquella nación, Oscar Arias Sánchez.

En la cita de San José acordaron reunirse en Esquipulas, ciudad guatemalteca en la que también se reunieron el 24 y 25 de mayo de 1986.

El Heraldo/21 de abril de 1987

AZCONA OLVIDÓ PROBLEMAS AL RITMO DEL PING-PONG

El primer funcionario gubernamental que se trasladó a los balnearios de la Costa Norte fue el presidente José Azcona Hoyo, quien dedicó muchas horas practicando ping pong, su deporte favorito.

El presidente Azcona llegó desde el Lunes Santo al Hotel Villas Telamar, bajo un estricto cordón de seguridad que impidió que se acercaran hasta sus propios seguidores.

Durante su permanencia en Tela, el mandatario estuvo acompañado de su familia y un amigo cercano. A su lado no tuvo ninguno de sus colaboradores de la Casa de Gobierno.

El año anterior, el presidente Azcona vacacionó con su familia en Puerto Cortés.

Con mucha habilidad y destreza, el presidente Azcona mantuvo la ventaja desde el inicio del juego. (*Foto Rivera*).

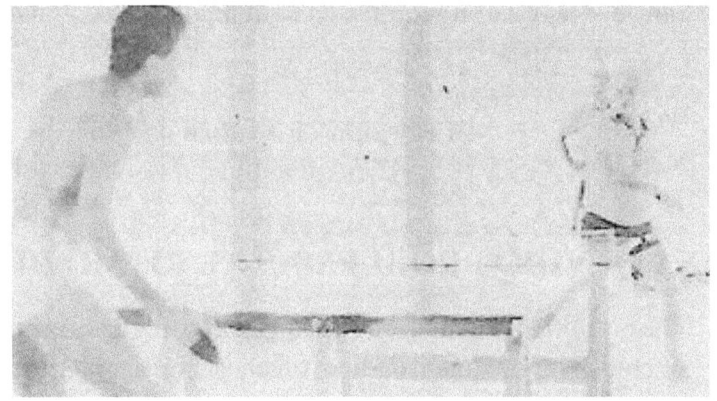

El presidente José Azcona dedicó muchas horas al ping-pong y en la lejanía de sus colaboradores disfrutó varios días de descanso y esparcimiento. (*Foto Rivera*).

Rodeado de fuertes medidas de seguridad, el presidente José Azcona pasó la Semana Santa en Villas Telamar. (*Foto Rivera*).

La Tribuna/20 de abril de 1987

Cruz Torres

PARTIDOS DECIDIRÁN CÓMO INTEGRAR MUNICIPALIDADES

****Al vencer los dos años de su elección*

Independientemente de la determinación que tome el Congreso respecto a las municipalidades y su elección, el Comité Central Nacionalista evaluará la actuación de las alcaldías que le corresponden, especialmente la del Distrito Central.

El diputado Nicolás Cruz Torres indicó que la propia Ley Electoral contempla disposiciones en el sentido de que cuando hay ausencia definitiva de las corporaciones municipales, lo cual ocurriría al vencer los 2 años que les corresponde, los partidos políticos pueden hacer las proposiciones a los cargos correspondientes.

Según Cruz Torres quizás no sea necesario reformar la Ley Electoral ni emitir una disposición especial, porque la misma contempla esta situación y define el procedimiento a seguir.

En tal sentido, señaló que el Poder Ejecutivo no podría hacer los nombramientos a su arbitrio sino a través de las dirigencias de los partidos políticos en la proporción en que ganaron las últimas elecciones municipales.

Cruz Torres dijo que habrá que determinar dónde ha habido una buena administración, "en el caso de Tegucigalpa va a ser objeto de evaluación de parte del Comité Central para hacer lo que más corresponda, creo que han hecho una buena labor al frente de las funciones edilicias y en ese sentido se hará la calificación correspondiente", afirmó.

También apuntó que el no haberse celebrado en tiempo los comicios internos de los partidos políticos, el Tribunal Nacional de Elecciones (TNE) se vería imposibilitado de verificar elecciones en mayo, ya que ningún partido inscribió candidatos.

Aun cuando la Ley Electoral ya prevé lo procedente cuando los miembros de las corporaciones municipales vacan en sus funciones, el Congreso Nacional podría tomar otras disposiciones adicionales, sostuvo Cruz Torres.

La Tribuna/20 de abril de 1987

AZCONA BRINDA DONATIVO PARA CONSTRUCCIÓN DE JARDIN DE NIÑOS

LA CEIBA. - El Club de Amas de Casa de la Colonia La Alhambra recibió del Presidente de la República, ingeniero José Azcona Hoyo, una donación por la cantidad de 15 mil lempiras para la construcción de un jardín de niños, en esa comunidad.

Recibieron la aportación gubernamental Miriam de Canales y Maritza de Paz, en su condición de Presidenta y Secretaria del club, respectivamente, y la señora Margie de Dip como coordinadora.

El mandatario prometió dar más ayuda una vez que los trabajos hayan iniciado.

El Heraldo/21 de abril de 1987

DELEGACIÓN DE PARLAMENTARIOS ISRAELÍES LLEGA HOY AL PAÍS

Un grupo de parlamentarios de Israel llegará hoy al país para entrevistarse con las principales autoridades del gobierno de José Azcona Hoyo y del Congreso Nacional.

La delegación de diputados israelíes que llegará este día en horas de la tarde, está compuesta por las siguientes personas: Meir Cohen Avidov y Haika Grossman, ambos vice-presidentes, Samuel Jacobson, secretario y la diputada Edna Solodar.

El Congreso Nacional, anfitrión de los diputados visitantes, tiene preparado una serie de actividades, entre ellas una sesión solemne y un recorrido mañana miércoles por las ruinas de Copán.

El miércoles por la noche también el alcalde capitalino, Rodimiro Zelaya, declarará huéspedes distinguidos a los visitantes.

El jueves los israelíes se reunirán con el mandatario Azcona Hoyo, y el jefe de las Fuerzas Armadas, Humberto Regalado Hernández; y más tarde del mismo día darán una conferencia de prensa.

Hace algunas semanas, una delegación de diputados viajó a Israel atendiendo una invitación del gobierno de ese país.

Honduras mantiene muy buenas relaciones con Israel.

Inclusive, se había dicho que se le comprarían a ese país varios aviones K-FIR, pero a última hora la Fuerza Aérea decidió adquirir los F-5E de fabricación americana.

El Heraldo/21 de abril de 1987

PRESIDENTES CENTROAMERICANOS SE REUNIRÁN EN NUEVA ORLEÁNS

TEGUCIGALPA, 20 ABR. (ACAN-EFE). - Los presidentes de Centroamérica se reunirán en Nueva Orleáns, sur de Estados Unidos, antes de la "cumbre" de Esquipulas, se informó hoy en esta capital.

Los dirigentes de Costa Rica, El Salvador, Guatemala, Honduras y Nicaragua, aceptaron una invitación para visitar Nueva Orleans del 16 al 20 de junio presentada por la universidad de Tulane y la alcaldía de esa ciudad del sur estadounidense, anunció un portavoz de la casa presidencial en Tegucigalpa.

El presidente de cada una de esas naciones centroamericanas dictará una conferencia en la Universidad de Tulane sobre la situación política, económica y social de su país, ocasión que servirá para celebrar, en fecha aún no determinada, una "mini-cumbre" previa a la reunión que mantendrán en Esquipulas, Guatemala, el 24 de junio.

Recientemente, autoridades del ayuntamiento de Nueva Orleans visitaron esos cinco países para invitar a sus presidentes, los cuales la aceptaron.

El presidente de Honduras, José Azcona Hoyo, dialogará con sus colegas de Guatemala, Vinicio Cerezo, El Salvador, José Napoleón Duarte, Nicaragua, Daniel Ortega, y Costa Rica, Oscar Arias.

Los cuatro presidentes de los países democráticos se reunieron por última vez el 15 de febrero en San José de Costa Rica, a iniciativa del jefe de estado de aquella nación, Oscar Arias Sánchez.

En la cita de San José acordaron reunirse en Esquipulas, ciudad guatemalteca en la que también se reunieron el 24 y 25 de mayo de 1986.

La Prensa/21 de abril de 1987

A un costo de 40 millones

CONSTRUIRÁN REPRESA PARA TEGUCIGALPA

TEGUCIGALPA. - La construcción de una represa y otros proyectos que beneficiarán a la capital discutieron ayer en Casa de Gobierno, el presidente Azcona y miembros de la Cámara Hondureña de la Construcción.

Cristóbal Sierra, presidente de los constructores, dijo que la construcción de la represa valorada en 40 millones de lempiras es prioritaria a las viviendas, porque, de lo contrario, la AID no desembolsa los fondos para el complejo habitacional.

Aseveró que el proyecto de aguas para Tegucigalpa, se financiará con fondos de instituciones gubernamentales depositados en bancos nacionales, los cuales podrían ser destinados para la construcción de la obra.

Agregó Sierra que el ejecutivo manifestó su apoyo decidido al proyecto y de inmediato se reunirán con el gerente del SANAA, para formular un plan de acción concreto y dentro de tres meses se procederá a la licitación y posterior construcción de la obra.

La construcción de diferentes obras en la capital podría generar 20 mil empleos en beneficio de un gran número de desempleados, expuso Sierra.

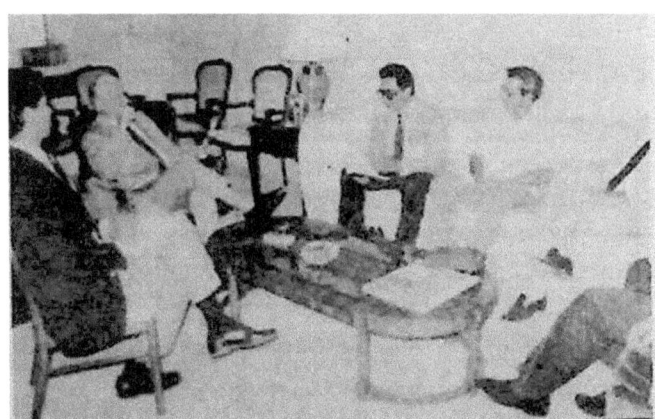

Miembros de la Cámara de la Construcción de Tegucigalpa, reunidos con el presidente de la república José Azcona; en discusión de proyectos que beneficiarán a la capital. (*Foto Aulberto Salinas*).

La Prensa/22 de abril de 1987

PARLAMENTARIOS JUDÍOS SE REÚNEN CON AZCONA

TEGUCIGALPA. - Una misión de parlamentarios israelitas visitó ayer en Casa de Gobierno al Presidente de la República, José Simón Azcona, y según trascendió obedece al afán mutuo de amistad y cooperación para fortalecer las relaciones entre ambos países.

La delegación que por primera vez visita Honduras se encuentra integrada por Meir Cohen Avidov, vicepresidente del parlamento de Israel Haika Grossman, quien ostenta igual cargo, Edna Solodar y Samuel Jacobson ambos parlamentarios.

Los visitantes manifestaron satisfacción de encontrarse en Honduras agradeciendo al gobierno del presidente Azcona, al Congreso Nacional y a todo el pueblo por la entusiasta acogida que se les ha brindado al arribar a nuestro país.

Los parlamentarios israelitas pertenecen a diferentes partidos políticos de esa nación, entre ellos uno que representa la fracción que ejerce el poder el Partido Likud el Partido Loberal y Partido Napan.

A raíz del intercambio de embajadores entre los dos países hace año y medio y la próxima visita del presidente Azcona a Israel los lazos de amistad se han estrechado reconocieron los visitantes.

Los israelitas tienen previsto una conferencia de prensa para mañana jueves a las once horas en el Hotel Honduras Maya y luego viajarán a Nicaragua según expresaron a los periodistas.

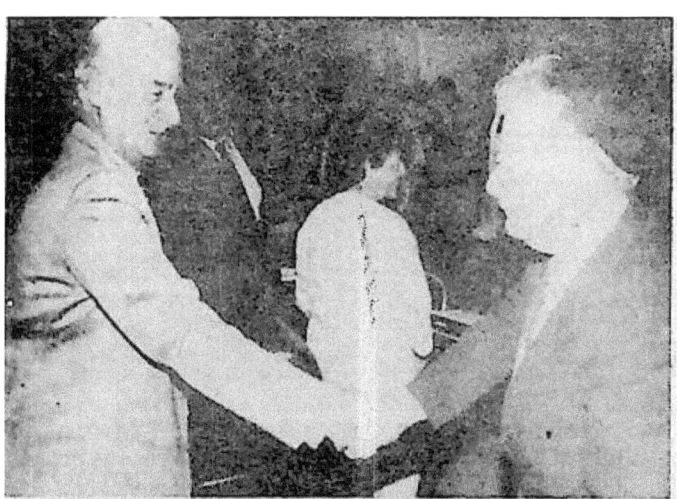

Meir Cohen Avidov, vicepresidente del parlamento de Israel estrecha la mano del presidente de la República, José Azcona Hoyo durante el cambio de impresiones que durante largo rato mantuvieron ayer tarde en la Casa de Gobierno. (*Foto Aulberto Salinas*).

La Prensa/22 de abril de 1987

PARLAMENTARIOS DE ISRAEL SE REÚNEN CON EL PRESIDENTE

TEGUCIGALPA. - El presidente José Azcona Hoyo recibió ayer en la tarde a un grupo de parlamentarios de Israel, que visita Honduras con el propósito de estrechar más la amistad y la cooperación entre ambos países.

Los parlamentarios israelitas llegaron acompañados por el embajador de Israel en Honduras, Shlomo Cohen, y los diputados del Congreso Nacional Jacobo Hernández, Gilberto Goldstein y Gustavo Gómez Santos.

El grupo de parlamentarios está integrado por los vicepresidentes del Congreso Nacional de Israel, Meir Cohen Avidov y Haika Grossman; la diputada Edna Solodar y el secretario del Congreso, Samuel Jacobson.

Al término de la reunión con el presidente Azcona se negaron a dar declaraciones, manifestando que mañana, a las 11:30 a.m., brindarán una conferencia de prensa en el Hotel Honduras Maya.

"Nos alegra mucho venir aquí", expresaron, manifestando luego que con el presidente Azcona hablaron sobre el fortalecimiento de la amistad entre Israel y Honduras.

Los parlamentarios israelitas, que ayer mismo se entrevistaron con el canciller Carlos López Contreras, visitaron hoy en la mañana las Ruinas de Copán y a las 6 de la tarde estarán presentes en el Congreso Nacional.

Para mañana tienen prevista una reunión con el jefe de las Fuerzas Armadas, general Humberto Regalado Hernández, y después de la conferencia de prensa partirán rumbo a Nicaragua. (TDG).

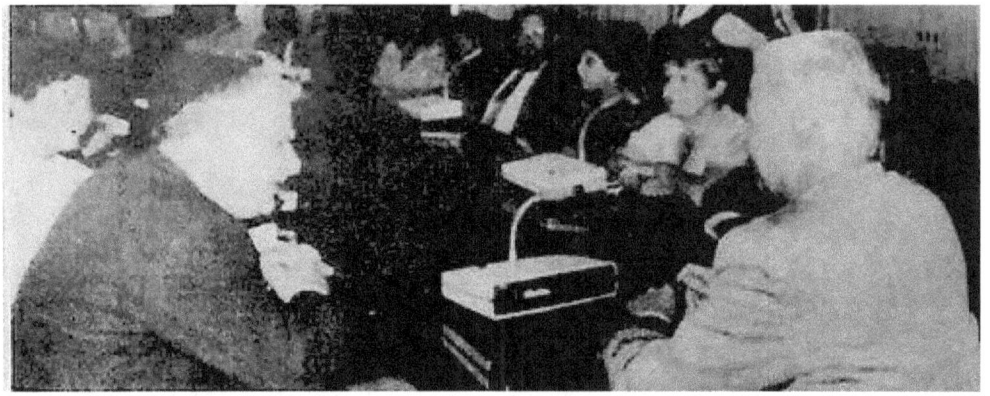

El presidente José Azcona Hoyo dialogó ayer con el grupo de parlamentarios israelitas que visitaron el país para buscar la forma de estrechar más la amistad y la cooperación entre Israel y Honduras.

Tiempo/22 de abril de 1987

OEA CONSIDERA HOY CRISIS ARGENTINA

WASHINGTON, abril 21 (UPI) – El Consejo Permanente de la Organización de los Estados Americanos fue convocado para hoy a una sesión extraordinaria a fin de considerar los "acontecimientos que están perturbando a la democracia en la República Argentina".

La sesión se efectuará a las 11 de la mañana (hoy) y fue solicitada en una nota enviada al presidente del consejo, el embajador de México Antonio de Icaza, por los representantes de Bolivia, Brasil, Colombia, Estados Unidos, Guatemala, Panamá, Perú, República Dominicana, Trinidad-Tobago, Uruguay y Venezuela.

Tiempo/22 de abril de 1987

PARLAMENTARIOS ISRAELÍES EN TEGUCIGALPA

El presidente José Azcona recibió ayer en audiencia especial a una delegación de parlamentarios de Israel, quienes realizan una visita oficial a Honduras, la primera de su tipo. La delegación la integran dos vicepresidentes del Congreso Nacional de ese país, Meir Cohen-Avidov y Hayka Grossman, el secretario Samuel Jacobson y la diputada Edna Solodar. Al término de la reunión, Cohen-Avidov dijo que el propósito de la visita es estrechar las relaciones de amistad y cooperación entre los dos países. Los parlamentarios también visitarán Nicaragua para conocer los puntos de vista del gobierno sandinista y la oposición política. (Fotos de Orlando Sierra).

La Tribuna/22 de abril de 1987

Urgen al Presidente nueva represa para Tegucigalpa

La Cámara de la Industria de la Construcción urgió ayer al presidente José Azcona que se construya una nueva represa de agua potable para Tegucigalpa, que tendrá un costo de 40 millones de lempiras, a fin de poder reactivar las actividades de la construcción.

Cristóbal Sierra, presidente de la citada organización empresarial, explicó que en los actuales momentos la Agencia para el Desarrollo Internacional (AID) tiene financiamientos para la industria de la construcción, pero que no pueden ser utilizados si no se mejora el sistema de agua potable de la capital.

"Nosotros le recomendamos al mandatario que se construya una nueva represa de agua con financiamiento nacional, porque eso facilitaría que la obra esté concluida en un término de un año al tiempo que proporcionará empleo a unas 20 mil personas", dijo Sierra.

Agregó que el presidente Azcona apoya el planteamiento de la Cámara de la Industria de la Construcción y que en los próximos días se reunirán con el gerente del Servicio Autónomo Nacional de Acueductos y Alcantarillado (SANAA), Luis Moncada Gross, para elaborar un plan de acción inmediata para ejecutar el proyecto.

Sierra destacó que en los últimos meses la industria de la construcción ha mejorado y que en la actualidad se están ejecutando nuevos proyectos habitacionales, generando con ello nuevas oportunidades de empleo.

"Si a largo plazo se construye una nueva represa de agua para la capital la industria de la construcción tendrá un gran impulso, puesto que por falta de agua se está dejando de utilizar un financiamiento considerable de parte de AID", comentó

La Tribuna/22 de abril de 1987

AZCONA NO HA CONFIRMADO CITA EN NUEVA ORLEÁNS

El presidente de la República José Azcona Hoyo, aún no ha confirmado su asistencia a la reunión de los mandatarios que se ha anunciado a celebrarse del 16 al 20 de junio. En Nueva Orleáns según se confirmó ayer en la Casa Presidencial.

Marco Tulio Romero, jefe de información de la Casa de Gobierno, dijo que hasta ahora el presidente no ha comunicado oficialmente su participación en la Universidad de Tulane (Nueva Orleáns) donde ha sido invitado por el alcalde de esa ciudad y las autoridades de esa casa de estudios. La reunión es previa a la que deberá celebrarse en Esquipulas, Guatemala, ese mismo mes, donde, se cree, saldrán acuerdos positivos para encontrar de una vez por todas la paz en la región centroamericana.

Romero aseguró que el presidente de Nicaragua Daniel Ortega, fue invitado a última hora por el alcalde de aquella ciudad norteamericana, pues cuando circuló la información oficial lo hizo únicamente con los cuatro países regidos por gobiernos democráticos.

En ese entonces Azcona Hoyo declaró a la prensa que sí asistiría, por lo que se desconoce por qué el vocero de la Casa Presidencial dice ahora que aún no hay nada oficial de la asistencia del gobernante.

La reunión de Nueva Orleáns es más bien en una rueda de conferencias de los mandatarios a estudiantes sobre la crisis regional.

El Heraldo/22 de abril de 1987

AZCONA DEJA "A MEDIO ANDAR" ESCUELA DE PISIJIRE, OLANCHO

PISIJIRE, CULMI, Olancho. (Pedro Rosales): Por falta de fondos los habitantes de la comunidad de Pisijire no han podido terminar la construcción de un centro escolar, según informó el señor Lorenzo Nájera miembro del patronato comunal.

El señor Nájera manifestó que desde hace algún tiempo el presidente de la República José Azcona, les prometió una ayuda de 15 mil lempiras para la mencionada obra, de los cuales sólo han recibido 3 mil y que por eso no se han concluido los trabajos.

Indicó el informante que algunas cosas las han obtenido "gracias a la intervención del diputado Manuel Zelaya y su padre; así hemos solucionado varios de los problemas que enfrentamos en esta comunidad".

Señaló que otro de los problemas es la falta de maestros, pues los cuatro que laboran no son competentes para atender los 480 alumnos que están matriculados, teniendo que turnarse para impartir las clases que en la mayoría de los días sólo es de una hora.

"Esta situación, dijo el dirigente comunal, nos tiene preocupados porque nuestros hijos no están recibiendo la educación en forma adecuada debido a que los maestros no son suficientes y el local de la escuela es muy pequeño".

De acuerdo a lo informado por Nájera, el problema de los maestros en varias oportunidades lo han planteado tanto al supervisor de la zona, como al departamental sin que hasta el momento hayan hecho algo por solventarlo.

Los trabajos de la escuela han quedado paralizados por falta de fondos. (*Foto Pedro Rosales*).

EL HERALDO/22 DE ABRIL DE 1987

DOCUMENTO CONJUNTO PRESENTARÁN A AZCONA GANADEROS Y CAMPESINOS

Los máximos dirigentes de las organizaciones de campesinos y ganaderos del país se reunieron ayer para lograr un acuerdo cuyo objetivo es generar la tranquilidad en el campo y emitir un documento sobre el tema dirigido al presidente José Azcona Hoyo.

Los dirigentes de la Unión Nacional de Campesinos (UNC) y de otros grupos agrarios, así como de la Federación Nacional de Agricultores y Ganaderos de Honduras (FENAGH) se encontraron ayer en la sede de los primeros y dialogaron sobre diversos temas por espacio de varias horas.

Todos los presentes en la cita dijeron salir satisfechos del encuentro y aseguraron coincidir en la mayoría de los puntos tratados, mismos que no fueron revelados.

Miguel Ángel García, presidente de la FENAGH, indicó que si los hombres de campo logran proporcionar la tranquilidad al sector y si la misma es promocionada, los ganaderos podrán en el futuro doblar la producción agropecuaria e incrementar las exportaciones del país.

Indicó que lo anterior es fundamental porque difícilmente lograrán atraer la inversión privada nacional o extranjera con la imagen de intranquilidad e inseguridad que transmite en la actualidad en el agro.

García se abstuvo de mencionar los puntos acordados entre agricultores y campesinos debido a que serán presentados al presidente Azcona Hoyo en un documento conjunto de ambos grupos.

Interrogado sobre la intervención de los campesinos de mejorar el salario mínimo rural, el dirigente de la FENAGH se abstuvo de responder a las preguntas señalando que no es correcto mencionar los temas que serán presentados al mandatario próximamente.

Los dirigentes acordaron nombrar una comisión de estilo para redactar el planteamiento a entregarse al mandatario y reunirse la semana entrante para dar la aprobación final y enviarlo a Casa Presidencial.

El dirigente señaló que antes de la reunión con los líderes campesinos la FENAGH se encontraba preocupada por el acontecer del campo, pero que la aflicción fue superada luego del encuentro de ayer.

El Heraldo/22 de abril de 1987

AZCONA A ISRAEL, HOLANDA Y ESPAÑA

TEGUCIGALPA. - El presidente José Azcona visitará Israel y Holanda en la segunda quincena de mayo, acompañado del designado Jaime Rosenthal, y a España viajará en el curso del último trimestre del presente año, informaron fuentes del gobierno y diplomáticas.

Se supo en fuentes del gobierno que el ingeniero Azcona tenía previsto cumplir la visita oficial a esas tres naciones del viejo continente entre mayo y junio próximo.

Esas fuentes indicaron que el mandatario irá a Holanda e Israel en la última quincena de mayo, y que la visita a España había sido aplazada.

Fernando González Camino Obregón, embajador de España en Honduras, confirmó que el viaje del Presidente a Madrid fue aplazado y que según el proyecto se realizará "en el otoño", entre octubre y diciembre".

"Lo más probable es que sea en la primera quincena de octubre". Pero dijo que no sabía si el gobernante cumplirá la visita oficial, que regularmente es de tres días, a Israel y a Holanda, tal como se supo de parte del representante del gobierno.

Todavía el programa de la visita del gobernante hondureño está en etapa de preparación en Madrid, donde se entrevistará con el presidente del gobierno, Felipe González, y los Reyes.

El diplomático comentó que probablemente la visita a España fue aplazada en virtud del compromiso del presidente José Azcona en la Cumbre de Gobernantes de Centroamérica, el 25 y 26 de junio en Guatemala. (NL)

*Tiempo/*22 de abril de 1987

EDITORIAL
La Asamblea Constituyente se pronunció respecto a Serranilla y los Bajos

A juzgar por algunas evidencias, vuelve la carga oficial sobre el tristemente célebre proyecto de tratado de delimitación marítima entre Honduras y Colombia, que, pese a las afirmaciones de algunos portavoces gubernamentales, es rechazado por la nación hondureña.

Como si se tratara de una orquestación, en Colombia se atiza la hoguera para promover una reacción hondureña muy a punto con el objetivo último de lograr de Honduras el primer paso para la ratificación del proyecto de tratado Azcona-Betancur, a efecto de no aparecer el senado colombiano como el primer interesado.

Así podría interpretarse la protesta muy bien publicitada de los habitantes de San Andrés, quienes repudian el referido proyecto de tratado bajo la premisa de que es Colombia- con supuestos derechos más allá de Serranilla y los Cayos Bajos- quien sale perdiendo con el arreglo.

Es exactamente el argumento esgrimido en los pasillos gubernamentales hondureños: que Serranilla no nos pertenece y, al lograr el tratado con Colombia, estaríamos ganando una porción de los bajos Serranilla, aunque sea sólo un "cachito".

Y todavía más, en reconocimiento insólito al derecho de la fuerza que es condenado en el sistema jurídico internacional y que, por lo demás, es más nocivo para los países pequeños y débiles como Honduras: que, aunque Serranilla fuera hondureña, no podemos enfrentarnos a Colombia, nación mucho más poderosa. Por lo tanto, debemos darle tres cuartas partes del territorio hondureño de Serranilla y la totalidad de los Cayos Bajos para poder gozar de un tercio y de la pesca en esas aguas.

Ha trascendido, también, la posibilidad de que en ese territorio hondureño existan yacimientos de petróleo. De tal manera que lo que está en juego en ese proyecto de tratado de delimitación marítima es posiblemente una enorme riqueza, de la cual nos quieren desvalijar colombianos y unos cuantos hondureños desnaturalizados, desgraciadamente ubicados en el gobierno de nuestro desventurado país.

El secretario de prensa de Casa Presidencial, licenciado Lisandro Quezada, ha dicho públicamente, por ejemplo, que el pueblo de Honduras no se ha pronunciado en contra del proyecto de tratado Azcona-Betancur, y que esto solamente sucederá hasta que se pronuncie el Congreso Nacional al respecto.

"Son algunos escritores, periodistas y hombres públicos" quienes repudian el proyecto de tratado, que, dicho sea de paso, fue anunciado como tratado formal por el propio canciller ante la asamblea general de las Naciones Unidas, sin que éste haya sido aprobado". "Pero el pueblo se manifestará hasta que los diputados tomen alguna posición al respecto, porque ellos son quienes representan al pueblo".

Semejantes argumentaciones son sofismas increíbles. En primer lugar, la Constitución de la República prohíbe terminantemente, so pena de juzgamiento por traición a la patria, el enajenamiento o entrega del territorio nacional. El congreso no tiene facultades para actuar por encima de la ley. Ni siquiera un plebiscito –en este caso-, que es la consulta directa con el pueblo, sería posible en conformidad con nuestra Carta Magna.

En segundo lugar, la asamblea nacional constituyente que elaboró y promulgó la actual Constitución de Honduras se pronunció claramente- en nombre del pueblo- sobre los bajos Serranilla y los Cayos Bajos, al incluir expresamente estos territorios insulares como parte indivisible del territorio nacional.

"VETARÉ TODO DECRETO NEGATIVO A LA ECONOMÍA": AZCONA HOYO

TEGUCIGALPA. - El presidente Azcona negó que su gobierno enfrente una aguda crisis económica, consecuencia de la reducción de los ingresos fiscales y el incremento al gasto público.

Empero, el mandatario aceptó la existencia de un pequeño desfase en cuanto a lo presupuestado agregando que el fisco ha obtenido en ingresos corrientes durante los primeros tres meses del año, más de 310 millones de lempiras contra 245.7 alcanzados en el primer trimestre de 1986.

Refirió que rubros tales como el impuesto sobre la Renta, importaciones y exportaciones, han experimentado importantes mejorías, admitiendo que lamentablemente existen gastos extras presupuestarios que hay que cubrir, lo que aumenta la brecha fiscal.

Señaló esos negativos renglones como ser el aumento salarial a los maestros, la incorporación al Servicio Civil de los miembros del SITRAMEDHYS, el Estatuto Médico, al que hay que completar monetariamente este año, etc.

VETARÉ DECRETOS NO CONVENIENTES

Sin pensarlo dos veces, el presidente Azcona dijo que el anteproyecto destinado a reducir los impuestos por la exportación de café no tiene razón de ser, pues a su juicio de ser aprobado no beneficiará a los productores, sino a los exportadores que, por abril, prácticamente han comprado toda la producción.

Recordó que los exportadores de café ya fueron beneficiados por el Estado el año pasado con 35 millones de lempiras.

Citó que el 31 de marzo del año anterior se habían recogido 18.3 millones de lempiras por exportación del grano, cifra que ahora aumenta a 21.1 millones, sin que ello indique más cobro por saco remitido al exterior, sino que los envíos se hacen en forma más rápida.

Enfatizó haber dicho al presidente del Congreso, Carlos Orbin Montoya y a varios diputados, que tienen que velar por los intereses del pueblo, ante lo cual no se pueden crear más impuestos, ni tampoco exponernos a una devaluación sugiriendo ser prudentes y actuando conforme a lo que se recibe, pero no rebajando los ingresos.

Reveló que la creación de decretos que reducen los impuestos de importación, por ejemplo, así como el surgimiento de partidas de gastos, abren la brecha fiscal, la cual es manejable, siempre y cuando se actúe con prudencia.

Informó que hace dos meses manifestó a sus ministros y directores de instituciones descentralizadas, la necesidad de ser cuidadosos con el gasto, lo cual se cumple.

"Vetaré cualquier decreto destinado a la creación de nuevos impuestos y que nos puedan llevar a una eventual devaluación y esa responsabilidad no la rehuyo, la voy a ejercer", dijo en forma terminante el presidente.

SOLO ASALARIADOS

Anunció que las acciones son fuertes para mejorar la percepción de Impuesto sobre la Renta, arguyendo que en Honduras sólo los asalariados tributan, existiendo profesionales, incluso gente que recibe un sueldo y lo mezcla con actividades agropecuarias o empresariales, evadiendo el pago por ambos conceptos.

Haciendo acopio de cifras, Azcona, informó que durante el primer trimestre de este año se han obtenido 20 millones de lempiras en el Impuesto sobre la Renta, más que el año anterior, cifra que será mayor, teniendo en cuenta la prórroga que finalizará este mes.

NO HABRÁ DEVALUACIÓN

El mandatario refirió que, según el informe del Banco Mundial en torno a la situación económica de Honduras, el espectro de la devaluación se diluye.

Según el informe, nuestro país el año pasado comenzó a recuperarse un poco, aunque es preocupante la baja del precio del café, el retiro de la Rosario, cuyos efectos se sentirán en breve.

Pero hay cosas positivas, según Azcona, como la apertura de nuevos rubros de exportación, por lo cual obtenemos divisas, agregando los vaticinios de que se enviarán al exterior cien mil toneladas de cemento, se ha incrementado la exportación de carne con mejor precio, a pesar de que no hay subsidio, todo lo cual compensa lo primero.

TARIFA ELÉCTRICA

A una pregunta sobre el particular, indicó que la Empresa Nacional de Energía Eléctrica es sólida con una deuda de 1,357.6 millones de lempiras, con activos cinco veces superiores.

Aceptó que los años críticos son estos debido al flujo de caja negativo, ante lo cual hablar de que se van a reducir las tarifas es una cosa peligrosa y no puede hacerse porque afecta el crédito del país.

"En tales circunstancias si se presenta un decreto en ese aspecto con dolor en el alma lo vetaré, pues hay que pensar en la seguridad no sólo de este gobierno, sino de los próximos", advirtió.

Anunció que probablemente viaje a Trojes, región oriental, a inaugurar 25 viviendas construidas por el INVA, minimizando la presencia de contras en esa región, tal como se pretende hacer ante la opinión nacional e internacional.

Sobre la compra de aviones de combate dijo: "Las Fuerzas Armadas tienen su presupuesto y no creo que lo van a usar para esa compra, pues serán suministrados por Estados Unidos, así como Rusia proporciona helicópteros, aviones y artillería a Nicaragua.

La Prensa/23 de abril de 1987

AZCONA CONFIRMA QUE IRÁ A NUEVA ORLEÁNS

TEGUCIGALPA. - El presidente José Azcona Hoyo confirmó ayer a una delegación de Nueva Orleans, su asistencia a la reunión de mandatarios centroamericanos que se efectúa en esa ciudad del 16 al 20 de junio del año en curso y donde se tratará la actual situación económica del área.

Romualdo Gonzales, presidente del comité organizador de la conferencia dijo que la gira que efectúan en Centroamérica es para entregar los programas de la cita y que los respectivos gobiernos expliquen los puntos que desean abordar.

Indicó Gonzales que los temas básicos de la conferencia a exponer serán los referentes a lo económico, mercado común y en la cual cada presidente dispondrá de hora y media en los dos últimos días para disertar lo que más quiera.

Al evento se le ha dado la importancia del caso y la prensa internacional ya la destaca y se escogió a Nueva Orleans por los vínculos existentes con Centroamérica, la conferencia se ha denominado "Centro América 87: Un nuevo Camino", concluirá con un simposio en la Universidad de Tulane.

Sostuvo Gonzales que el único mandatario que no ha confirmado su asistencia es Daniel Ortega, de Nicaragua, porque el Departamento de Estado de la nación norteña no le ha extendido su respectiva visa de ingreso.

Aun con la ausencia de algunos de los presidentes, la conferencia siempre se efectuará y los temas serán presentados por cada uno de los miembros de los países participantes, concluyó el presidente organizador del evento.

Carlos Falck, ministro asesor económico del Ejecutivo, se reunió con una comisión de la ciudad de New Orleans.

INVITAN A EMPRESARIOS

Los representantes de la Universidad de Tulane también se reunieron con directivos del Consejo Hondureño la Empresa Privada (COHEP) para invitarlos oficialmente a la conferencia.

El secretario del COHEP, ingeniero Joaquín Luna Mejía señaló tras concluir la reunión que esta conferencia adquiere mayor importancia que la celebrada por el gobierno federal de los Estados Unidos en la ciudad de Miami sobre la iniciativa de la Cuenca del Caribe (ICC).

La significación de este acto estriba en primer lugar en que sea exclusiva para el área de América Central, tratando sus puntos específicos sobre temas de interés de los países que conforman la zona.

La Prensa/23 de abril de 1987

JOSÉ AZCONA ASISTIRÁ A CONFERENCIA CENTROAMERICANA 87: NUEVO CAMINO

TEGUCIGALPA. - El presidente José Azcona Hoyo confirmó ayer su asistencia a la conferencia denominada "Centroamérica 87: Un Nuevo Camino", que se llevará a cabo del 17 al 20 de junio próximo en Nueva Orleans, Estados Unidos.

El anuncio fue hecho por el secretario privado, William Hall Rivera, al presidente de la referida conferencia, Romualdo González, quien realiza una gira por los países centroamericanos para entregar a los gobiernos el programa que se desarrollará y conocer de éstos los temas que quieren que se incluyan en el mismo.

González dijo que los presidentes de Guatemala, El Salvador, Honduras y Costa Rica, han confirmado su asistencia a la conferencia y que el presidente de Nicaragua, Daniel Ortega, no lo ha hecho todavía porque tiene problemas con la visa para ingresar a los Estados Unidos. Señaló que el presidente Ortega tiene mucho interés de participar en la conferencia, y "entiendo que el Departamento de Estado le va a extender la visa".

La conferencia Centroamérica 87: Un Nuevo Camino, tiene como propósito fundamental trazar los lineamientos adecuados para una estabilidad regional centroamericana, así como para alcanzar la paz y prosperidad económica.

Asimismo, tiene como objetivo atraer la atención de la opinión pública de los Estados Unidos sobre la crisis centroamericana. Romualdo González manifestó que a cada presidente centroamericano se le dará la oportunidad de que hable durante una hora y media en la conferencia, para que exponga la situación económica, política y social de su país. (TDG).

ROMUALDO GONZALEZ

*Tiempo/*23 de abril de 1987

Vetará cualquier decreto que emita el Congreso

AZCONA NO PERMITIRÁ MÁS REBAJAS A LOS IMPUESTOS

- *Situación económica del país es manejable, dice*

TEGUCIGALPA. El presidente José Azcona Hoyo anunció ayer que vetará cualquier decreto emitido por el Congreso Nacional que tienda a rebajar impuestos o tarifas en beneficio de un sector, y que obligue posteriormente a crear nuevos impuestos o devaluar el lempira.

El mandatario calificó de "pequeño desfase" el déficit de 254 millones de lempiras que tiene el actual presupuesto general de la República, y que no es cierto que existe una reducción en los ingresos corrientes en comparación al año pasado.

"Por ejemplo, en los primeros tres meses de este año en ingresos corrientes hemos recibido 310.5 millones de lempiras, contra 245.7 millones que se recibieron en los primeros tres meses del año pasado, y hay rubros donde se ha visto una mejoría muy importante", apuntó.

Sin embargo, dijo que "hay muchos gastos extrapresupuestarios que hay que cubrirlos y eso aumenta bastante la brecha fiscal, como el aumento a los maestros, lo que se ha derivado de la incorporación de los trabajadores del SITRAMEDHYS al servicio civil, el Estatuto Médico, que hay que dar cumplimiento este año".

Señaló que la reunión que el ministro de Hacienda, abogado Efraín Bú Girón, sostuvo recientemente con una comisión de diputados del Congreso Nacional, en la cual se expuso que el presupuesto general de la República enfrenta un déficit de 254 millones de lempiras, "fue para ponerlos (a los diputados) en claro, que tomar medidas dentro del Congreso Nacional para rebajar impuestos o rebajar tarifas, o crear nuevas partidas de gastos, eso contribuiría a hacer la situación más difícil de lo que es actualmente".

En relación a la intención de algunos diputados de que el Congreso Nacional decrete una reducción en las tarifas del servicio de energía eléctrica, el gobernante manifestó que eso sería "muy peligroso" porque el gobierno tendría que pagar la deuda de 357.6 millones de lempiras que la Empresa Nacional de Energía Eléctrica (ENEE) tiene actualmente con organismos financieros internacionales.

Asimismo, dijo que el proyecto de decreto que los productores de café han presentado ante el Congreso Nacional para que se rebaje los impuestos a la exportación y se fije un precio de garantía a ese rubro, no tiene "razón de ser", porque a estas alturas ya no beneficiará a los productores.

"Yo creo que habrá muy pocos productores que no hayan vendido ya su cosecha a los exportadores, entonces vendríamos a ayudar exclusivamente a los exportadores, y creo que el Estado hondureño, a través del decreto que emitió el Congreso Nacional el año pasado, en un momento muy difícil para los exportadores, salió en ayuda de ellos y le costó al Estado más de 35 millones de lempiras", agregó.

"Creo que volver a repetir eso este año, ya no tiene razón de ser, porque la exportación de café este año ha sido mucho más rápida que en el año pasado, ya que al 31 de marzo del año pasado se habían recogido 18.3 millones por exportación de café, mientras que al 31 de marzo de este año se han recogido 21.1 millones, y eso no quiere decir que se haya cobrado más por saco exportado", añadió.

Azcona dijo que al presidente y a varios diputados del Congreso Nacional les ha manifestado que "yo tengo que velar por los intereses del pueblo hondureño, a estas alturas no podemos nosotros crear nuevos impuestos ni tampoco podemos exponernos a una devaluación del lempira, tenemos que ser prudentes y actuar conforme a lo que recibimos, pero no rebajar los ingresos".

Sostuvo que la situación económica del país es manejable.

"Yo desde hace dos meses reuní a todo el Consejo de Ministros y les dicté claramente las instrucciones para que fuéramos muy cuidadosos en gastos, y se giraron instrucciones a los ministros para que ejercieran esa autoridad en las juntas directivas de que forman parte en los organismos descentralizados, y se tomaron acciones y se están poniendo medidas correctivas en los organismos del Estado".

Azcona Hoyo aseguró que durante su gobierno el pueblo hondureño no será afectado con un incremento a los impuestos, y que para evitar esta situación "estamos ejerciendo acciones muy fuertes en cuanto a la percepción del impuesto sobre la renta".

"En este país –señaló- desgraciadamente sólo hemos pagado impuesto sobre la renta los que somos asalariados, hay profesionales liberales, gente que recibe un sueldo y lo mezcla con actividades agropecuarias o empresariales, y resulta que después no paga el impuesto, ni siquiera por lo que le corresponde a su sueldo. Eso no es posible".

"Tenemos que reformar esa ley, para que no se mezclen los ingresos de tipo personal con ingresos de negocios colaterales para reflejar pérdidas y no pagar ni siquiera los impuestos que corresponden a un sueldo que muchas veces devenga en el mismo Estado", recalcó. (TDG).

Tiempo/23 de abril de 1987

EJECUTIVO FIRMA PRÉSTAMO PARA CONSTRUIR CASAS AL SUTRASFCO

TEGUCIGALPA. El presidente José Azcona Hoyo firmó ayer un préstamo por 2.5 millones de lempiras que el gobierno otorgará al Sindicato Unificado de Trabajadores de la Standard Fruit Company (SUTRASFCO), para la construcción de 250 viviendas.

En la firma del préstamo participaron también autoridades del Instituto Nacional de la Vivienda (INVA) y los directivos del SUTRASFCO.

El proyecto habitacional, que beneficiará a los trabajadores afiliados al SUTRASFCO, será financiado con fondos del Banco Central de Honduras y del INVA, a un plazo de amortización de 15 años y una tasa de interés de 12 por ciento anual.

Las viviendas serán construidas en un plazo de un año en la colonia SUTRASFCO, ubicada en Coyoles Central, Olanchito, Yoro. (TDG).

Tiempo/23 de abril de 1987

Vicepresidente de AHPROCAFE:

AMENAZA DE VETO DE AZCONA PONE EN PELIGRO A RUBRO CAFETALERO

Los productores de café consideran como funesta y peligrosa para el futuro de esa actividad la decisión del presidente José Azcona Hoyo de vetar un decreto, actualmente en discusión en el Congreso Nacional, que escalona el pago de impuestos por la exportación del grano.

Según Wilfredo Castellanos, vicepresidente de la Asociación Hondureña de Productores de Café (AHPROCAFE), la medida anunciada ayer por el mandatario traería consecuencias negativas para toda la actividad y desalentaría a los productores del principal rubro de la economía hondureña.

Indicó el dirigente cafetalero que las declaraciones de Azcona Hoyo los sorprenden porque la mentalidad de los productores es lograr un decreto ley sobre los impuestos a pagar que, además de garantizar ingresos fiscales al Estado, les sirva para amortiguar las fluctuaciones de precios del café en el mercado internacional.

Castellanos señaló que el decreto introducido por AHPROCAFE a la Cámara Legislativa, a través de las diversas facciones parlamentarias, tiene el propósito de equiparar a los productores con las medidas que se aplican en los países vecinos y donde el impuesto a la exportación de café se paga en forma escalonada o sea de acuerdo al precio del grano en los mercados internacionales.

Expresó el informante que los productores observan con preocupación que el año anterior el Estado actuó con ligereza al favorecer a los exportadores aprobándoles un decreto que les autorizó a pagar en forma diferida los impuestos, mientras que a ellos se les amenaza en primera instancia con vetarles cualquier medida en tal sentido.

Castellanos señaló que la aprobación del decreto constituiría un alivio a la economía de los productores, que se ven golpeados por los altos precios que registran los mercados foráneos y la inflación desatada en Honduras.

El dirigente apuntó que en los próximos cuatro años el precio del grano no superará los 130 dólares, de ahí que apenas tendrán oportunidad los cafetaleros de lograr sacar sus costos de producción.

El vicepresidente de AHPROCAFE manifestó que estaría de acuerdo con el presidente Azcona en el sentido que el decreto beneficiaría más a los exportadores que a los productores si éste no tiene ninguna condicionalidad, de ahí que propone que la redacción del decreto aclare que los beneficiarios serían el 30 por ciento de los cafetaleros que hasta la fecha no han vendido sus cosechas.

Sobre este punto precisó que el resto de productores que ya pagaron sus impuestos, podrían utilizarse sus tributos para crear un fondo especial de apoyo a la caficultura o de estabilización de precios entre gobierno y productores.

Castellanos manifestó que las ventajas es que la ley es permanente y protege al cafetalero de las fluctuaciones del mercado, con lo cual pasaría de pagar 33 lempiras por quintal de café a 21 lempiras.

El dirigente apuntó que de mantenerse la escala actual la misma tiene un carácter confiscatorio y oneroso para el cafetalero.

La escala propuesta para pagar el impuesto que propone AHPROCAFE es la siguiente:

De 0-100 Lps. - No pagar

100-120 Lps. – 5 por ciento

120-150 Lps. – 10 por ciento

150- en adelante 5 por ciento adicional por cada 25 lempiras.

La actual tasa que pagan los productores:

1-100 Lps.- 10 por ciento

100-120 Lps. – 15 por ciento

120- en adelante 20 por ciento.

Wilfredo Castellanos

El Heraldo/24 de abril de 1987

VETARÁ TODA LEY QUE AUMENTE EL DÉFICIT FISCAL ADVIERTE AZCONA

El presidente de la República José Azcona Hoyo, advirtió ayer al Poder Legislativo todo proyecto de ley que sea aprobado por los diputados y que incremente el déficit fiscal "será vetado".

En una extensa entrevista brindada a HRN y donde se abordaron varios temas, el mandatario dijo "que con dolor en su alma" va a tener que vetar cualquier decreto que incremente la situación fiscal de Honduras.

"No podemos, por un acto irreflexivo tal vez, pasar leyes que van a repercutir negativamente, no sólo en este gobierno, sino que en los próximos. A este gobierno sólo le quedan dos años y ocho meses, pero eso se pasa rápido, pero debemos pensar en el futuro", agregó.

Expresó que la reunión que se celebró con los diputados hace algunos días y donde se les explicó que el déficit fiscal, que se ha incrementado en el último trimestre en más de 200 millones de lempiras, fue "para ponerlos claros que tomar medidas dentro del Congreso para rebajar tarifas o crear nuevas partidas de gastos, contribuiría a poner la situación aún más difícil".

El gobernante dijo que ya ha hablado con el presidente del Congreso, Carlos Montoya, y le ha hecho saber que él tiene que velar por los intereses del pueblo y que a estas alturas no se puede crear nuevos impuestos ni se puede exponer al país a una devaluación del lempira.

Azcona Hoyo recordó que en una reunión celebrada con todo el Consejo de Ministros les hizo saber que fueran cuidadosos en los gastos públicos. Dijo que de acuerdo a su conocimiento esto, hasta ahora, ha funcionado.

En sus declaraciones el presidente aceptó que existe un desfase económico en el gobierno en cuanto a lo presupuestado, pero indicó ello se recompensa con los ingresos corrientes que se han recibido este año, que ascienden a 310.5 millones de lempiras.

El año anterior, en los primeros tres meses el gobierno había recaudado 245.7 millones de lempiras, apuntó.

El aumento en la recaudación de los ingresos corrientes se debe a que ha existido una mejoría en la captación de impuestos sobre la renta, de importaciones y exportaciones, sostuvo el ingeniero Azcona Hoyo.

NO A LA REBAJA DE LA ENERGIA ELECTRICA

El presidente se mostró en contra de la rebaja a las tarifas de la energía eléctrica anunciadas por el Congreso Nacional por considerar que los costos son muy altos.

En la actualidad la ENEE es una empresa sólida, pero reducir las tarifas de la ENEE es "muy peligroso; no puede hacerse porque eso afecta el crédito de Honduras con los organismos internacionales", dijo Azcona.

En cuanto a la presencia de los "contras" en territorio hondureño, el mandatario dijo: "Yo creo que en este momento sí hay contras en Honduras, pero ya no se cuentan por miles como creo que hubo en otro tiempo".

El gobernante informó que tiene proyectado visitar la zona fronteriza porque en los próximos días se inaugurará un proyecto habitacional de 25 casas que acaba de construir el INVA en la comunidad de Trojes, El Paraíso.

En cuanto a la compra de los 12 aviones F-5E, el presidente dijo que el gobierno no gastará ni un tan solo centavo, pues éstos son donados por los Estados Unidos. "Así como Rusia le suministra helicópteros, aviones de artillería y tanques a Nicaragua, Estados Unidos nos suministra a nosotros", enfatizó.

ORDENA INVESTIGACION

En cuanto a las denuncias de que el gerente de la Corporación Nacional de Inversiones (CONADI) Eduardo Ramos, tiene una agencia aduanera y está aprovechando su cargo, Azcona Hoyo, informó que se ha ordenado una investigación al Ministerio de Economía y que, de comprobarse las irregularidades, Ramos será separado del cargo.

Azcona Hoyo

El Heraldo/23 de abril de 1987

SI AZCONA DICE QUE NO HAY "CONTRAS", ENTONCES NO HAY "CONTRAS": ROSENTHAL

TEGUCIGALPA. - El designado presidencial Jaime Rosenthal cree en la palabra del presidente José Azcona Hoyo cuando dice que la mayoría de los contrarrevolucionarios nicaragüenses han abandonado el territorio hondureño.

"Yo siempre tengo mucha confianza en la palabra del presidente de la República y si él dice que no hay contras yo creo que no hay contras", dijo.

Rosenthal Oliva dijo que cuando el presidente Azcona "dice algo debe tener la información completa, debe ser cierto, debe ser correcto".

El alto funcionario gubernamental reiteró también su creencia de que los rebeldes nicaragüenses son incapaces de derrocar al gobierno sandinista de Nicaragua.

"Creo que no tiene posibilidades de triunfar" dijo y reiteró lo que dijo hace un tiempo ante una cadena de televisión norteamericana en el sentido de que los contras serán derrocados cuando entren a Nicaragua.

"Yo creo que los contras no pueden derrocar al gobierno de Nicaragua. Yo siempre he creído que el gobierno de Nicaragua es un problema que nosotros tenemos que enfrentar".

Dijo que la contra no tiene la capacidad, ni un deseo ferviente para deponer a los sandinistas.

Sostuvo que la presencia de la contra constituye un problema para el desarrollo económico de Honduras y que hay que hacer algo para resolverlo. (GP).

AZCONA

Tiempo/24 de abril de 1987

[Este sábado]

AZCONA INAUGURARÁ PRIMER TORNEO DE TENIS DE MESA

El presidente José Azcona Hoyo inaugurará la tarde del sábado 27 de abril el primer torneo de tenis de mesa para gente grande.

En este evento deportivo participarán 17 personas, entre las cuales figuran el mandatario Azcona Hoyo y los embajadores de Israel, Shlomo Cohen, de España, Fernando González Camino García, de Brasil, Cyro Gabriel Do Espíritu Santo y el de los Estados Unidos, Everett Briggs.

También competirán los tenientes coroneles norteamericanos Mark Jones y Lewis Keith, el agregado militar de China, capitán de navío, Mario Fu, el canciller Carlos López Contreras, el designado Jaime Rosenthal Oliva, el diputado Evenor Bonilla, los empresarios Mario Belot y Feizal Sikaffy, el coronel Rafael Castro Arita, el gerente de la ENEE, Jack Arévalo Fuentes y otros.

La competencia se desarrollará a partir de las dos de la tarde en la sede de la Asociación de Tenis de Mesa, localizada al costado norte de Casa Presidencial.

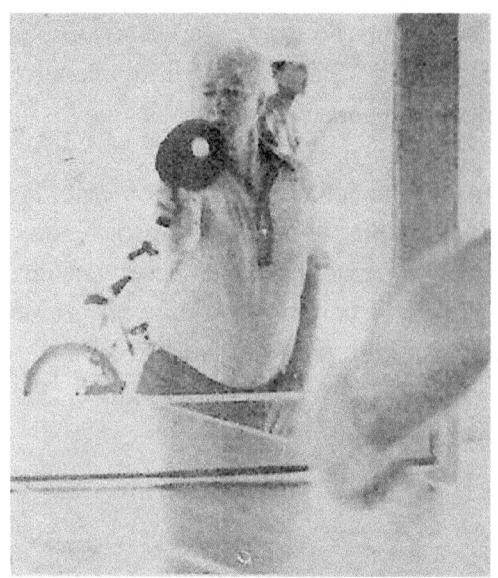

El presidente Azcona inaugurará el primer torneo de tenis, además participará.

La Tribuna/24 de abril de 1987

AZCONA IRÁ A TROJES

***Dice que se le da mucha importancia a lo de la "contra"*

TEGUCIGALPA. - Los hondureños tienen la mente demasiado "ocupada" con el problema de la presencia de los contras en el territorio nacional, según el presidente José Azcona Hoyo.

El mandatario se refirió a la invitación que algunos diputados al Congreso Nacional le han hecho para que visite la zona fronteriza con Nicaragua en el departamento de El Paraíso, y constate personalmente la presencia de la contra.

Dijo que los próximos días visitará la comunidad de Trojes para inaugurar un proyecto de vivienda, "sólo son 25 viviendas, pero son muy bonitas y creo que valdrá la pena ir allá y darle ánimo a esa gente", expresó.

Agregó que en la zona fronteriza con Nicaragua "puede ser que haya algunos contras, pero yo creo que se le da mucha importancia, demasiada ocupada la mente de los hondureños con ese problema, cuando sabemos que existen problemas, no los creamos nosotros, las causas todas las sabemos, yo las he dicho muchas veces y, en realidad, estamos tratando de que ese problema se vaya arreglando, yo creo que en este momento si hay contras en Honduras, ya no se cuentan por miles como creo que hubo en otro tiempo". (TDG).

Tiempo/23 de abril de 1987

GRUPÚSCULO DE MILITARES AMENAZÓ LA DEMOCRACIA

El embajador de Argentina en Honduras, Luis Sánchez, se despidió ayer del presidente José Azcona y agradeció la solidaridad expresada por el gobierno de Honduras al mandatario argentino, Raúl Alfonsín, durante la crisis militar presentada en su país la semana anterior.

Sánchez fungió en el cargo durante dos años y dijo sentirse satisfecho por la labor desarrollada, orientada a fortalecer y estrechar las relaciones entre ambos países.

"Le manifesté al señor presidente, señaló, que mi gobierno agradece de corazón la solidaridad que el gobierno hondureño demostró para la democracia argentina que se vio amenazada por un grupúsculo de militares, pero el pueblo de mi país y nuestro gobernante fue decisivo para mantener vigente la democracia".

El diplomático argentino dijo que la actitud asumida por su pueblo ante el acto de rebeldía "fue un llamado de atención para que minorías de mi Patria entren de una vez por todas en el camino de la democracia".

"Todo militar debe supeditarse al poder civil porque por eso ha jurado defender la Constitución que marca claramente esa situación", expresó Sánchez al comentar la actitud de un grupo de militares de su país que se rebelaron contra el gobierno civil.

Respecto al futuro de Centroamérica indicó que se marcha de esa región con la esperanza de que la situación política de estos países se resuelva favorablemente mediante negociaciones pacíficas.

El presidente José Azcona durante su reunión con el embajador de Argentina, Luis Sánchez, quien se despidió ayer oficialmente. (*Foto Aquiles Andino*).

La Tribuna/24 de abril de 1987

117

REVISIÓN DE TASA DE IMPUESTOS SOLICITÓ AHPROCAFE A AZCONA

TEGUCIGALPA. - Los miembros de la Asociación de Productos de Café (AHPROCAFE) llegaron ayer a Casa de Gobierno a solicitar al presidente José Azcona la revisión a la escala ad-valoren de impuestos de exportación aplicable al café que consideran muy alta.

Catarino Montoya, Presidente de AHPROCAFE dijo que ellos tienen un anteproyecto de ley en el Congreso Nacional para revisar la tasa impositiva de los productores de café, cuya aprobación se hace necesaria tanto por el Legislativo como el Ejecutivo por el descenso del precio de dicho rubro en el mercado internacional.

Sobre las declaraciones del presidente Azcona Hoyo en cuanto a la oposición a la rebaja de cualquier carga impositiva por la afectación al Fisco Nacional, el ejecutivo aclaró no oponerse al mismo sino hacer un estudio profundo para no afectar las entradas de divisas por concepto de café, sostuvo.

Aseveró Montoya que el Ejecutivo ya dio órdenes a los funcionarios de instituciones bancarias con las que AHPROCAFE tiene deudas, en el sentido de dar un trato especial al sector cafetalero se reanudará la mora de 1 a 15 años y se les cobre un interés bajo del 6 por ciento.

La reducción que pedimos es que, a mayor precio mayor impuesto, y a menor precio menor impuesto y el dictamen será dado dentro de dos semanas por la Comisión de Café del Congreso Nacional que hace el respectivo estudio, indicó el presidente cafetalero.

Por otra parte, informó que han sido invitados a Estados Unidos y plantearán la obtención de fondos por indemnizar a los productores de la zona fronteriza con Nicaragua que perdieron las cosechas de café por los conflictos y presencia de la contrarrevolución nicaragüense.

Los dirigentes de la Asociación Hondureña de Productores de Café reunidos con el presidente José Azcona Hoyo. (*Foto Aulberto Salinas*).

La Prensa/25 de abril de 1987

118

AZCONA INAUGURARÁ HOY TORNEO DE TENNIS DE MESA

El presidente Azcona, inaugurará este día a las dos de la tarde, el torneo de tennis "Para gente grande" donde tendrán participación el designado presidencial Jaime Rosenthal Oliva, así como el excelentísimo embajador de Israel Shlomo Cohen, el de Brasil señor do Espíritu Santo y altos militares nacionales.

Azcona como presidente honorario de la ASOTENH, será a la vez el encargado de realizar el saque de honor de la competencia que se realizará en las instalaciones de la misma, localizados en las cercanías de la casa presidencial.

El torneo para "gente grande" forma parte de las diferentes competencias que la Asociación de tennis de mesa de Honduras ha planificado para llevar a cabo en el presente año con el fin de despertar el interés en los diferentes círculos sociales de nuestro país.

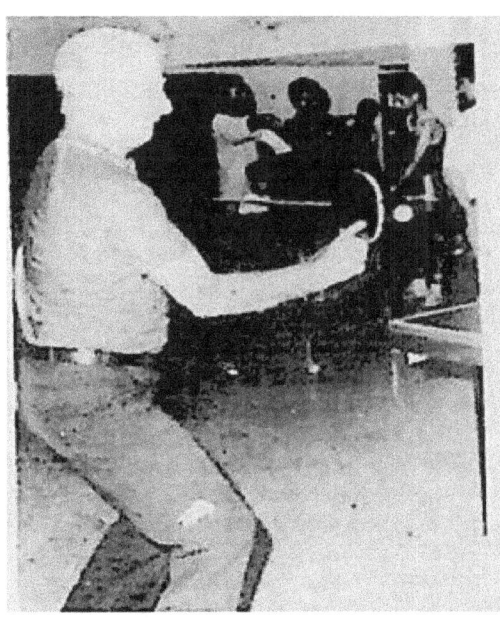

**El presidente Azcona estará hoy nuevamente practicando
su deporte favorito el Tennis de mesa.**

El Heraldo/25 de abril de 1987

I TORNEO DE PING PONG PARA GENTE GRANDE

Ing. José Azcona lo inaugurará
Jaime Rosenthal lucirá su mejor estilo de raquetista

TEGUCIGALPA, D.C.- El ingeniero José Azcona Hoyo y el designado presidencial Jaime Rosenthal tendrán participación en el I Torneo de Tenis de Mesa (Ping Pong) que se inicia este día a partir de las 14 horas en la sede de la ASOTEMH en la ciudad capital.

El saque inaugural de este torneo lo ejecutará el raquetista y presidente honorario del Ping Pong ingeniero José Azcona, luego las palabras de inauguración del evento y seguidamente los juegos que se extenderán durante la tarde y noche de este sábado.

El designado presidencial Jaime Rosenthal también estará presente en el I Torneo de Tenis de Mesa y será otro de los jugadores activos en esta primera jornada deportiva para raquetistas mayores de los 45 años.

Entre los invitados se encuentran los siguientes participantes: ingeniero José Azcona, ingeniero Jaime Rosenthal, P.M. Mario Belot, embajador de Israel, Shlomo Cohen, embajador de España, Fernando Gonzáles Camino García, periodista, Leonardo Galindo, teniente coronel Lewis Keith, teniente coronel Marck Jones, embajador de la República de Brasil, Ciro Do Espíritu Santo.

El agregado cultural de Alemania, capitán de navío Mario Fu, el embajador de los Estados Unidos, Everett Briggs, coronel Rafael Castro Arita, diputado Evenor Bonilla, ingeniero Jack Arévalo Fuentes, señor Feizal Sikaffi, abogado Ramón Valladares Soto, el canciller licenciado Carlos López Contreras.

Al final de la competencia se harán entregas de trofeos y diplomas de participación a todos los raquetistas y a los tres primeros lugares del certamen también se les entregará su trofeo como clasificados en primero, segundo y tercer lugar.

Este I Torneo para "Gente Grande" es organizado por la Asociación de Tenis de Mesa de Honduras -ASOTEMH- y es el primero de tres competencias que contiene el programa deportivo para 1987. (Jorge A. Cálix)

El presidente José Azcona y el designado Jaime Rosenthal Oliva participarán en el I Torneo para Gente Grande, organizado por la Asociación de Tenis de Mesa.

Tiempo/25 de abril de 1987

AZCONA PROMETE INVESTIGAR POR QUÉ SE RETIRÓ DE HONDURAS LA SAM

TEGUCIGALPA. El presidente José Azcona Hoyo prometió ayer a los representantes de Servicios Aéreos de Medellín (SAM) que se investigará las razones por las cuales se retira esa línea aérea colombiana de Honduras.

El representante de SAM en Honduras, Ricardo Martínez, dijo que al presidente Azcona le informaron que esa línea aérea encontró "mucha inconsistencia en las autoridades de la Dirección de Aeronáutica Civil en la resolución de los permisos y en la disposición de finanzas que están fuera de la ley".

Asimismo, le manifestaron al mandatario que SAM encontró mucha oposición de parte de las líneas aéreas nacionales y dificultades en los servicios del aeropuerto de Toncontín. "nosotros pedimos al presidente Azcona que se haga una investigación y se tome las medidas correctivas del caso, ya que vemos muy difícil que SAM decida seguir operando en este país", expresó Martínez.

En relación al sobrevuelo de SAM en áreas militares restringidas, Ricardo Martínez explicó que "eso ocurrió en una oportunidad, pero no fue oficialmente presentado a nosotros, nunca había salido sino hasta ahora, lo que sucede es que la base de la Fuerza Aérea está allí exactamente al lado de la pista y había mal tiempo ese día, y por seguridad aérea el piloto tuvo que sobrevolar esas facilidades, pero en ningún momento se pretendió violar las leyes hondureñas".

RICARDO MARTINEZ

En cuanto a la fianza de 160 mil lempiras que la Dirección de Aeronáutica Civil exige a SAM para operar en Honduras, Martínez manifestó que eso no está estipulado en las leyes hondureñas, sino que es una resolución de Gabinete Económico, y que en ningún otro país se exige porque está fuera de las normas de la aviación comercial.

"Nosotros conversamos con el procurador general de la República sobre la legitimidad de esa solicitud, y no pudo él tampoco encontrar fundamentos de ley para exigir esa fianza", agregó.

Señaló que en represalia y la oposición de que SAM opere en Honduras, las autoridades de aeronáutica de Colombia podrían prohibir a TAN Y SAHSA que transporte pasajeros de San Andrés a Panamá.

"Nosotros no deseamos que eso ocurra, pero sí sería una reacción normal de Colombia tratar de limitar ese derecho del cual han venido gozando TAN y SAHSA en los últimos 22 años", concluyó. (TDG).

RICARDO MARTINEZ

Tiempo/25 de abril de 1987

Este sábado

AZCONA INAUGURA PRIMER TORNEO DE TENIS DE MESA

TEGUCIGALPA. - El presidente José Azcona inaugurará la tarde del sábado el primer torneo de tenis de mesa para gente grande.

En este evento deportivo participarán 17 personas, entre las cuales figuran el mandatario Azcona y los embajadores de Israel, Shlomo Cohen, de España Fernando González, Camino García, de Brasil, Cyro Gabriel Do Espíritu Santo y el de los Estados Unidos, Everett Briggs.

La competencia se desarrollará a partir de las dos de la tarde en la sede de la Asociación de Tenis de Mesa, localizada al costado norte de Casa Presidencial.

La Prensa/25 de abril de 1987

AZCONA ORDENA INVESTIGAR CASO DE "SAM"

Por problema de mal tiempo sobrevoló la base Hernán Acosta Mejía

El presidente José Azcona ordenará una investigación para conocer las causas por las cuales las autoridades de Aeronáutica Civil se negaron a renovar el permiso de operaciones a la línea aérea colombiana SAM, que suspendió sus vuelos el lunes anterior.

Ricardo Martínez, representante de SAM en Honduras, acompañado por el viceministro de Cultura y Turismo, Jaime Turcios, se reunió con el mandatario para informarle sobre las razones que obligaron a esa línea aérea colombiana a retirarse del país.

"El señor presidente ha prometido investigar la situación con el ministro de Comunicaciones y el director de Aeronáutica para tomar los correctivos del caso, aunque será muy difícil que SAM reanude sus vuelos a Honduras", señaló Martínez.

Aceptó que esa línea aérea sobrevoló en una ocasión la Base Aérea "Coronel Hernán Acosta Mejía", ubicada en el extremo sur del aeropuerto internacional de Toncontín, pero aclaró que se hizo por problemas de mal tiempo.

"Ese día que un avión de SAM sobrevoló la Base Militar había mal tiempo y por seguridad el piloto tuvo que pasar por ese sitio para poder aterrizar, pero no fue una violación intencional, tan es así que jamás se nos presentó una protesta formal y hasta ahora se menciona ese hecho", comentó.

Asimismo, dijo que SAM ha cumplido con todos sus pagos y que reembolsará los precios de los boletos a todos los pasajeros y que para ello tiene depositados en un banco local 440 mil lempiras y que las deudas no llegan ni a 10 mil lempiras.

También negó que los siete meses que operó SAM en Honduras lo haya hecho en forma experimental. "La línea aérea vino para servir un mercado, pero hubo tanta oposición que no se le permitió desarrollarlo y prácticamente se le obligó a marcharse del país", aclaró.

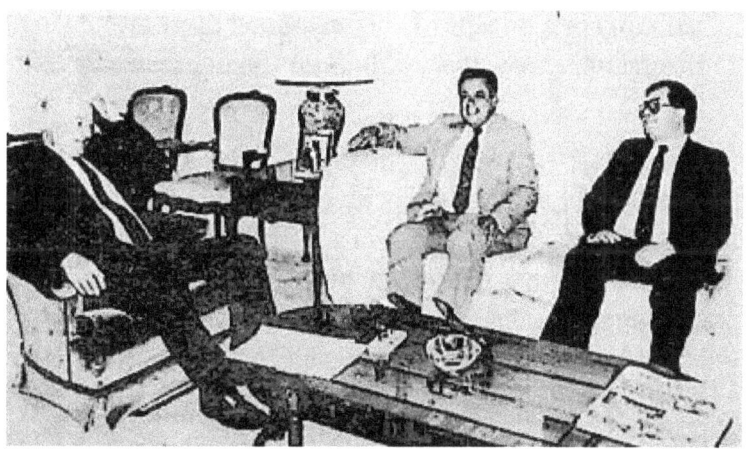

El presidente José Azcona durante el diálogo sostenido con el viceministro de Turismo, Jaime Turcios y el representante de SAM en Honduras, Ricardo Martínez. (*Foto Aquiles Andino*).

La Tribuna/25 de abril de 1987

El miércoles aseveró lo contrario
PRESIDENTE DICE QUE NO VETARA REDUCCION DE IMPUESTO AL CAFE

El presidente José Azcona prometió ayer a los caficultores no vetar un decreto ley mediante el cual buscan que el Congreso Nacional reduzca los impuestos de exportación del café.

Los directivos de la Asociación Hondureña de Productores de Café (AHPROCAFE) se reunieron con el mandatario para exponerle los problemas que enfrentan los caficultores y las posibles soluciones.

Catarino Montoya, presidente de AHPROCAFE, dijo que el gobernante les aseguró que él no se opone a que el Congreso Nacional rebaje los impuestos de exportación de café, sino que por el contrario apoyaba esa medida.

El presidente José Azcona se comprometió ante los cafetaleros a no vetar la reducción al impuesto de exportación del grano. (*Foto Aquiles Andino*).

Sin embargo, el presidente Azcona advirtió el miércoles anterior que vetaría cualquier decreto del Poder Legislativo rebajando impuestos, incluyendo iniciativas para reducir la tasa de exportación del café "porque esa medida sólo beneficiaría a los exportadores del grano".

El dirigente cafetalero explicó que están proponiendo que la reducción de los impuestos de exportación del café quede sujeta al precio, "es decir que si son bajos el impuesto deberá bajar también, pero si suben los impuestos también subirán y el gobierno se beneficiaría".

Durante la reunión se abordó el problema de la deuda que tienen los caficultores con el Banco Nacional de Desarrollo Agrícola (BANADESA) y pidieron que se readecuara en plazos de uno a 15 años y se cobre un interés del seis por ciento.

Montoya dijo que los precios del café están tan bajos que apenas cubren los costos de producción, señalando que de la venta de un saco de café únicamente quedan ganancias de seis lempiras.

La Tribuna / 25 de abril de 1987

PUENTE DE AMAPALA OFRECE VENEZUELA

El gobierno venezolano ofreció ayer la construcción de un puente que unirá al puerto de Amapala con tierra firme, el que será financiado con fondos de la Organización de Países Exportadores de Petróleo (OPEP).

El embajador venezolano, Dionisio Marcano, entregó al titular de Comunicaciones, Obras Públicas y Transporte, Juan Fernando López, la cotización de la obra y la oferta del financiamiento de la OPEP.

El diplomático manifestó que está en Honduras un técnico de ese organismo internacional, con el fin de evaluar varios proyectos financiados por la OPEP, que al mismo tiempo busca ofrecer respaldo para nuevas obras.

Marcano explicó que aparte de la construcción del puente en Amapala, se ha ofrecido la construcción de la carretera hacia Coyolito, en el departamento de Valle.

Para finalizar, dijo que el gobierno de Venezuela está dispuesto a continuar otorgando ayuda económica a Honduras.

La Tribuna/25 de abril de 1987

AZCONA PROMETE AYUDAR A BAJAR IMPUESTOS AL CAFÉ

TEGUCIGALPA. El presidente José Azcona Hoyo comunicó ayer a los directivos de la Asociación Hondureña de Productores de Café (AHPROCAFE) que está dispuesto a apoyar una reducción a los impuestos de exportación de café, y que ha dado instrucciones a las autoridades del Banco Nacional de Desarrollo Agrícola (BANADESA) para que readecúe la deuda de los caficultores.

Azcona declaró el miércoles anterior que vetaría cualquier decreto emitido por el Congreso Nacional que tienda a rebajar impuestos o tarifas en beneficio de determinados sectores, para evitar que el déficit fiscal aumente o una devaluación del lempira.

No obstante, el presidente de la AHPROCAFE, Catarino Montoya Flores, dijo que el presidente Azcona aclaró que "él no se opone a la reducción de la tasa impositiva de la exportación de café y, por el contrario, está para apoyarla, y que había hablado con el presidente del Congreso Nacional para que le diera curso a esa iniciativa".

Asimismo, señaló que el mandatario dio instrucciones a BANADESA para que readecúe la deuda a los productores de café, fijando un plazo de 1 a 15 años y con un interés del 6 por ciento, y otorgar un nuevo financiamiento para que los caficultores puedan continuar trabajando sus fincas y cumplir los compromisos con las instituciones bancarias.

También el presidente Azcona aseguró a los directivos de la AHPROCAFE que en la próxima semana visitará la comunidad de Trojes, en el departamento de El Paraíso, para inaugurar un proyecto habitacional y conocer los problemas que enfrentan los productores de café de esa zona fronteriza con Nicaragua.

En el planteamiento entregado al presidente Azcona, la AHPROCAFE expone que los precios del café han descendido a niveles que apenas cubren los costos de operación, habiendo llegado durante la presente cosecha apenas a generar un margen de utilidad de 6 lempiras, y que el nivel de precios que se espera para los próximos cuatro años (1987-1991) apenas llegará a 130 dólares el quintal.

Esta situación, señalan los productores de café, "se volverá mucho más crítica no sólo para los productores de café, "se volverá para el país, estos niveles de precio reflejan la necesidad de adoptar medidas para el ordenamiento del mercado".

En cuanto a la situación de los productores de café desplazados de la zona fronteriza con Nicaragua, la AHPROCAFE solicita del mandatario una asignación de 150 mil lempiras para la compra de un terreno en el municipio de La Masica, Atlántida, para reubicar a los desplazados.

Para los desplazados que decidan regresar a sus lugares de origen, la AHPROCAFE pide un apoyo decidido del gobierno y de las Fuerzas Armadas para la seguridad personal y de los bienes, y la aplicación de una política financiera que les permita rehacer su patrimonio mientras se logra por otros medios la compensación de las pérdidas que éstos han sufrido como consecuencia de la presencia de la contra en esa zona. (TDG).

AZCONA

Tiempo/25 de abril de 1987

CAFICULTORES DE ZONA ORIENTAL POSPONEN VIAJE A WASHINGTON

TEGUCIGALPA. "Para segunda orden" pospusieron ayer los cafetaleros el viaje que tenían programado para el próximo lunes hacia Washington, con el fin de exigir una indemnización en favor de los hondureños afectados por la presencia de los contras en el área fronteriza del país.

Catarino Montoya, presidente de la Asociación Hondureña de Productores de Café (AHPROCAFE), explicó a TIEMPO que la visita fue aplazada "para segunda orden" en vista que se tiene que discutir un problema surgido en el banco cafetalero.

La AHPROCAFE había elegido a Juan Ramón Molina y a José María Pereira para que viajaran a Washington a presentar la solicitud formal ante la administración Reagan.

Ambos tenían un programa de visita a algunos senadores y congresistas, para detallar los males que aseguran ellos les aquejan por la presencia de los rebeldes nicaragüenses en la zona Cifuentes, Trojes, Arenales y otros poblados de la frontera, por el lado de El Paraíso.

Sin embargo, Catarino Montoya anunció ayer que se había suspendido el viaje, tras realizar una entrevista con el presidente José Azcona.

Montoya explicó que los directivos de AHPROCAFE tienen que estar el lunes próximo en una reunión donde se debatirán problemas que han surgido en el Banco Hondureño del Café (BANHCAFE).

Dijo que en BANHCAFE "se dice que algunos directivos del banco dieron créditos a empresas exportadoras sin previa autorización de la junta directiva".

"Tenemos que resolver eso", dijo el presidente de AHPROCAFE, al anunciar que entonces "la visita a Washington ha quedado para segunda orden".

En la entrevista con el presidente de la Asociación solicitó una rebaja a los impuestos de exportación de café, readecuación de deudas e intereses, y la situación de los desplazados de El Paraíso.

Una delegación de los productores de Cifuentes había llegado ayer a la sede de la AHPROCAFE, solicitando que se les incluyera entre las personas que han resultado afectadas por la presencia de los rebeldes antisandinistas.

Pedro Fajardo Maradiaga, presidente de la junta rural de caficultores de Cifuentes, dijo que a ellos se les quería dejar por fuera en la lista de perjudicados que se llevará a Washington.

Sin embargo, dijo que tenía cartas de venta de ganado que resultó muerto por bombas lanzadas por los sandinistas desde Nicaragua, contra objetivos de la contra.

Pedro Antonio Fajardo García, vicepresidente de la junta, aseguró que él perdió 16 reses, también en la misma forma. (NL).

Tiempo/25 de abril de 1987

AZCONA DA SUBSIDIO A INSTITUTO CEIBEÑO

LA CEIBA. Un nuevo subsidio entregó el hermano del presidente José S. Azcona, doctor Fernando Azcona del Hoyo, esta vez al instituto Departamental Manuel Bonilla, por la cantidad de 5 mil lempiras, que serán invertidos en compra de varillas cemento y bloques para finalizar la construcción del cerco de dicho instituto.

En ausencia del director Juan Antonio Pineda, correspondió al profesor Modesto Montoya recibir la donación, que se hizo acompañar de la profesora Arleny Romero de Mairena como coordinadora del 2o curso de Bachillerato en los trabajos de educación social.

Por su parte, el doctor Azcona se hizo acompañar de la profesora Rosa Aminta de Rodríguez, vocal de policía Municipal, Ramón Villalta, jefe de Inspectores de la Policía Distrital, el diputado Eduardo Wolmer, Aníbal Barrow y Oscar Flores.

El estudiante Gumercindo Morales habló en representación de los de 2o. de Bachillerato para agradecer tanto al presidente Azcona como a su hermano por tan valioso aporte.

(Foto de Magdalena Velásquez).

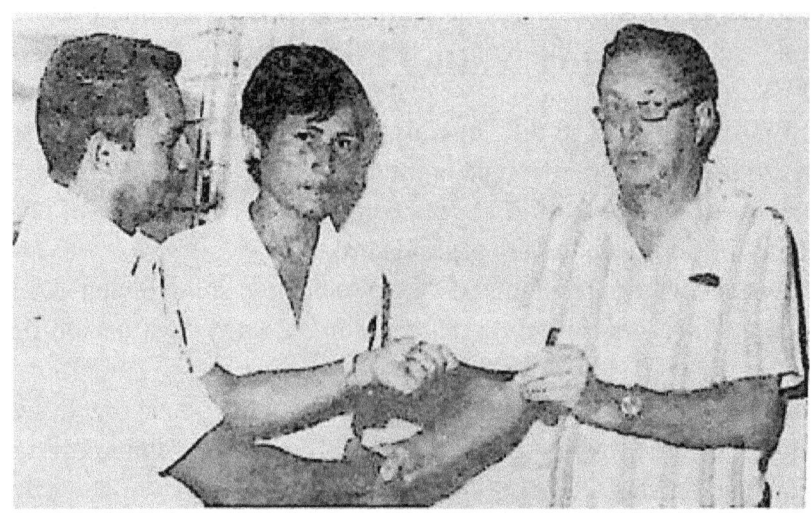

Tiempo/27 de abril de 1987

Según Catarino Montoya:
AZCONA APOYA REBAJA DE IMPUESTOS AL CAFÉ

*Cafetaleros de El Paraíso serían trasladados a La Masica, Atlántida.

El mandatario hondureño José Azcona Hoyo no vetará cualquier resolución legislativa orientada a reducir los impuestos a la exportación del café, según lo aseguró ayer el presidente de la Asociación Hondureña de Productores de Café (AHPROCAFE) Catarino Montoya.

Los caficultores hondureños presentaron en días pasados ante el Congreso Nacional un proyecto de revisión a la escala ad-valorem de impuestos de exportación aplicable al café, con el propósito de solventar en parte la seria crisis que atraviesa el rubro en el ámbito nacional e internacional.

Las razones de la petición formulada por los cultivadores del preciado grano, agrupados en la AHPROCAFE, se contrae en que los precios del café van en descenso cada día, por lo que apenas cubren los costos de operación, generando un margen de utilidad de sólo seis lempiras por saco.

Asimismo, el planteamiento presentado por Montoya y demás directivos de AHPROCAFE, que ayer se reunieron con Azcona Hoyo en Casa de Gobierno, establece que los niveles de precios llegarán en los próximos cuatro años a 130 dólares por saco de 46 kilos, lo que eventualmente agravará la crisis.

Montoya sostuvo que Azcona Hoyo se mostró "muy receptivo" con relación a sus pretensiones y aseguró que el mandatario hondureño "no se oponía" a la revisión de la escala ad-valorem y que estaba dispuesto a "apoyarla".

En virtud de lo anterior, el dirigente cafetalero precisó que el titular del Ejecutivo les informó que dialogó con el presidente del Congreso Nacional Carlos Orbin Montoya, a quien sugirió que en el término de una o dos semanas "apruebe" el proyecto.

Con relación a las deudas que mantiene AHPROCAFE con instituciones bancarias como IHCAFE y BANADESA, Montoya señaló que el gobernante hondureño "ha dado instrucciones" a estos organismos para que brinden un "trato especial" al sector cafetalero, orientado a readecuarles la deuda de uno a 15 años.

La petición ejecutiva incluye además la aprobación de un interés más bajo para los cafetaleros, consistente en un seis por ciento, lo mismo que un nuevo financiamiento para los cultivadores del grano con el fin de que éstos puedan cumplir con los compromisos adquiridos con instituciones bancarias.

Al afirmar que la resolución ejecutiva no beneficiará a los grandes exportadores, Montoya destacó que exigieron a Azcona Hoyo la reubicación de los desplazados de la zona fronteriza con Nicaragua y que éstos sean trasladados hasta el municipio de La Masica. Atlántida.

La decisión de Azcona Hoyo contrasta con la posición que externó en días pasados, cuando sostuvo que vetaría cualquier resolución legislativa tendiente a favorecer a algún sector nacional con la reducción de impuestos, debido a que va en detrimento del déficit fiscal del gobierno.

*Dirigentes de la Asociación Hondureña de Productores de Café (AHPROCAFE) se reunieron ayer con el Presidente para plantearle su difícil situación. (*Foto Salgado*).

El Heraldo/25 de abril de 1987

HABIB SE ENTREVISTA CON AZCONA

TEGUCIGALPA. - El embajador especial norteamericano Philip Habib, se entrevistó anoche con el presidente de la República, ingeniero José Simón Azcona Hoyo, como parte de un periplo por Centro América.

Habib arribó a casa presidencial a las seis de la tarde en compañía del embajador estadounidense Everett Briggs, y se mantuvieron por varias horas a puertas cerradas en el despacho presidencial.

A tempranas horas de la tarde y antes de que ingresara el visitante, el mandatario sostuvo un amplio diálogo con el jefe de las Fuerzas Armadas, general Humberto Regalado Hernández, quien se incorporó a la sesión sostenida con el diplomático estadounidense.

A pesar del hermetismo que rodea regularmente este tipo de visitas, trascendió anoche que Azcona y Habib conversaron sobre la próxima cumbre de presidentes centroamericanos y la visita del mandatario a Nueva Orleans.

La reunión concluyó a las 7:30 de la noche, después de dos horas de pláticas sobre los problemas centroamericanos. Como siempre, Habib no entró en detalles sobre lo tratado, pero manifestó que hoy iba mejor informado como resultado de la reunión con el mandatario hondureño.

Philip Habib también se refirió lacónicamente a las enmiendas que se le quieren hacer al "Plan Arias", propuesto por el Presidente costarricense, para la paz en Centroamérica, y sobre tal propuesta dijo que "la administración Reagan no está del todo de acuerdo con él".

La Prensa /28 de abril de 1987

AZCONA DEBE REESTRUCTURAR GABINETE DE GOBIERNO: COM

Gerente de ENEE ofrece luz por votos
Viceministro de SECOPT la maquinaria

TEGUCIGALPA. - El presidente José Azcona Hoyo debe reestructurar su Gabinete de Gobierno para hacerle frente con éxito a la difícil situación del país, según dijo ayer el presidente del Congreso Nacional Carlos Orbin Montoya.

"A mí no me gusta mucho ese gabinete. Yo le digo que debe cambiar gente ahí, dijo Montoya agregando que "hay gente mal colocada en las secretarías de Estado".

Montoya dijo que "hay que hacer una revisión" del Gabinete de Gobierno "porque la crisis actual requiere audacia, dinamismo".

Refiriéndose al presidente José Azcona Hoyo dijo que "él hace todo un esfuerzo y trabaja hasta demasiado por falta de colaboración".

Insistió en que "nosotros creemos firmemente que hay que hacer ajustes en la maquinaria administrativa para impulsar más el desarrollo".

Montoya criticó el involucramiento de los funcionarios públicos en actividades políticas haciendo uso de sus cargos.

El político citó el caso del gerente de la Empresa Nacional de Energía Eléctrica (ENEE), Jack Arévalo al cual calificó como un "hombre abusivo y malcriado que anda ofreciendo" la dotación de luz eléctrica "por votos" a favor de Jorge Maradiaga.

Dijo también que estaba el caso del viceministro de Comunicaciones, Obras Públicas y Transporte, Ballardo Pagoada, que aseguró anda con la maquinaria estatal ofreciendo carreteras a cambio de votos.

Montoya denunció también al secretario privado del Presidente William Hall Rivera, el cual, según dijo, se atribuye acciones del mandatario, con fines políticos.

El presidente del Congreso aspirante presidencial alabó la neutralidad de Azcona Hoyo en la lucha política liberal, y señaló que ésta es producto de que en la pasada campaña él fue víctima del intervencionismo de Roberto Suazo Córdova. (GP).

AZCONA

Tiempo / 25 de abril de 1987

AZCONA DE LLENO CON LA ELECTRIFICACIÓN

Un decidido apoyo está proporcionando el presidente de la República a los diferentes proyectos de la Empresa Nacional de Energía Eléctrica (ENEE), informaron voceros de esta institución.

Estos proyectos que han favorecido a muchas comunidades del interior del país, se desarrollan con fondos de la ENEE, la comunidad y las aportaciones de la presidencia de la República, a través del Programa de Concientización Patriótica y Desarrollo Municipal.

Como parte del Plan Nacional de Electrificación se inaugurará en los próximos días un proyecto en el barrio "Las Palmeras" de la ciudad de El Progreso, con un costo de 23 mil lempiras, el que beneficiará a más de 400 familias.

Por otra parte, José Azcona Hoyo entregó recientemente un aporte de 17 mil 194 lempiras a las comunidades de Cofradía y Linaca, Francisco Morazán para el desarrollo de un proyecto de electrificación que deberá estar terminado en el transcurso de este año.

La Tribuna/27 de abril de 1987

AZCONA, OLA Y PAZ GARCÍA EN VELATORIO DE ZÚNIGA A.

TEGUCIGALPA. - El presidente José Simón Azcona estuvo presente en el velorio de Ricardo Zúniga Augustinus la noche del sábado con una demostración de unidad de la familia hondureña.

Azcona, adversario político del último caudillo del nacionalismo presentó muestras de pesar a la familia Zúniga Morazán por el proceso del líder.

El mandatario llegó a la residencia del fallecido político con estrictas medidas de seguridad después de las 10 de la noche, acompañado de su esposa, Miriam de Azcona.

Entre otras personalidades políticas que han dirigido los destinos del país estuvieron los generales Oswaldo López Arellano y Policarpo Paz García con quienes Zúniga Augustinus mantuvo estrechas relaciones.

El gobernante hondureño expresó sus muestras de pesar por la muerte de Zúniga Augustinus y para dejar constancia de su reconocimiento acompañó a la familia por algunas horas.

Aunque no brindó declaraciones el ingeniero Azcona, sobre ese suceso, su presencia física demostró que Zúniga Augustinus con quien en las luchas políticas estuvo en posiciones opuestas se ganó su respeto.

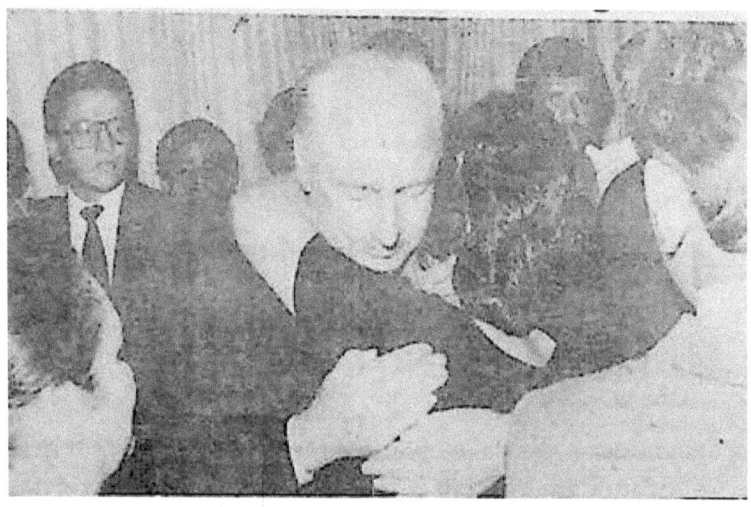

El mandatario Azcona Hoyo, llegó la noche del sábado a la residencia de la familia Zúniga-Morazán para expresarle sus condolencias por la muerte del líder del Partido Nacional, Ricardo Zúniga Augustinus. En la gráfica, el mandatario abraza a la hija del viejo dirigente, Tita Zúniga de Mazariegos, en presencia de varios asistentes al velatorio (*Foto Aulberto Salinas*).

La Prensa/27 de abril de 1987

AZCONA GANÓ EL PRIMER TORNEO DE TENNIS DE MESA PARA "GENTE GRANDE"

***Shlomo Cohen, embajador de Israel, también destacó*

TEGUCIGALPA. - Derrotando a todos sus adversarios y demostrando un gran dominio en el remate largo y en la volea, el presidente Azcona, obtuvo el primer lugar del torneo de tennis de mesa para "Gente Grande" que se realizó el sábado anterior en esta capital, con la participación de embajadores, militares y políticos invitados al mismo por la Asociación Nacional de este deporte que dirige Kenneth Rivera.

El mandatario hondureño demostró una vez más que el tennis de mesa es su verdadera pasión, por cuanto y a pesar de tener rivales de gran clase enfrente como ser: Shlomo Cohen de Israel, el segundo mejor clasificado y Fernando González Camino García de España, supo mantener el ritmo de todos los juegos que al final le sirvieron para obtener el primer lugar.

Entre los 18 participantes figuraba el embajador de los Estados Unidos Everett Briggs y los agregados militares de ese país, los tenientes coroneles Lewis Keith y Mark Jones, lo más rescatable en las presentaciones de los mismos fue la diplomacia que mostraron ante el mandatario hondureño ya que en sus encuentros no hicieron gala de un gran dominio de la raqueta como se esperaba.

No así los hondureños Jaime Rosenthal designado presidencial y Mario Belot, quienes demostraron junto al empresario y hombre fuerte de Voz e Imagen de Centroamérica, VICA, Feizal Sikaffy que por lo menos en su juventud jugaron con mucha entrega y disciplina el tennis de mesa.

AZCONA LA ATRACCIÓN

Como era de esperarse el presidente hondureño José Azcona fue la atracción en el primer torneo para "Gente Grande" de tennis de mesa por cuanto cada jugada de las muchas que realizó era muy bien recibidas y premiada con aplausos por los asistentes que no fueron muchos debido a las excesivas medidas de seguridad.

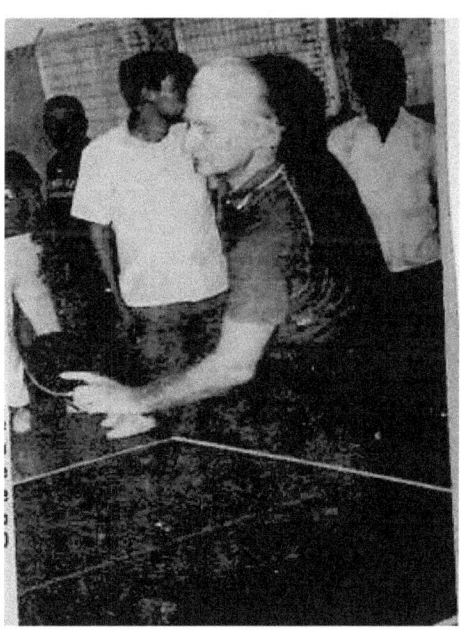

El presidente José Azcona ganó con clase el primer torneo de tennis de mesa para "Gente Grande". (*HUGO GIL*).

IRRESPETO A LA PRENSA

Una vez más y ante la ignorancia de los políticos, embajadores y militares que participaban en el torneo, los "guardaespaldas" de estos demostrando su poca cultura imposibilitaban la labor de la prensa quien en su afán por contribuir con el desarrollo del tennis de mesa, deporte que está creciendo en Honduras fueron invitados para cubrir la mencionada competencia.

Y los que más interrumpían la labor de información de la prensa, fueron los miembros de la seguridad del presidente hondureño quien y después de la respectiva queja de los periodistas, hizo el llamado respectivo de atención.

LO RESCATABLE, LA CAMARADERIA

Que se vivió entre los participantes del torneo por cuanto y pese a sus múltiples ocupaciones durante la semana en los diferentes campos de la vida que se desenvuelven, el sábado, embestidos de un espíritu deportivo sintieron nuevamente que el deporte es cultura y que tiene que marchar de la mano con el desarrollo de los pueblos.

Ojalá y con esta participación de varios de los hombres más importantes en la vida política, social y económica de Honduras se dignen a ayudarle más al pobre deporte nacional. (Por R. Ivánn Rodríguez, Gráficas de Hugo Gil).

El designado presidencial Jaime Rosenthal a la derecha no pudo contra el presidente Azcona y lo derrotó 2-0 (Gráfica de *Hugo Gil*).

El Heraldo/27 de abril de 1987

Azcona Hoyo:

DE LA MADRID NO TIENE DERECHO A CRITICAR MANIOBRAS CON EUA

***Se muestra pesimista sobre la cumbre de Esquipulas

BUENOS AIRES, (EFE). El presidente de Honduras, José Azcona Hoyo, dijo que la paz en Centroamérica "depende de Nicaragua" y objetó "algunos aspectos" del Plan presentado por Costa Rica para la pacificación de la región.

Azcona también criticó a los países de Contadora que "están influidos por un resentimiento" hacia los Estados Unidos y defendió las maniobras conjuntas que realizará su país con fuerzas militares estadounidenses, en unas declaraciones que publica hoy el diario "La Nación" de Buenos Aires.

El jefe del Estado hondureño elogió las "magníficas intenciones" del plan de paz del presidente de Costa Rica, Oscar Arias, pero señaló que el cese del fuego en Centroamérica "debe ser producto de un diálogo entre los nicaragüenses, porque no hay otra forma de obtenerlo".

"A los presidentes centroamericanos no se nos ha otorgado poder para firmar un cese del fuego en representación de los "contras" nicaragüenses, aunque ese sería nuestro deseo" subrayó Azcona Hoyo.

"Necesariamente debe haber una reconciliación nacional en Nicaragua y también en El Salvador para que se produzca el cese de las acciones bélicas en la región" agregó.

Puntualizó igualmente que el conflicto en Nicaragua "influye negativamente en Honduras y Costa Rica" porque el "marxismo leninismo es expansivo y seríamos ingenuos si pensáramos lo contrario"

Yo no voy a culpar al gobierno sandinista, pero indudablemente la situación en Nicaragua alienta, aunque sea por emulación, a cualquier grupo guerrillero subversivo en América Central" afirmó el presidente de Honduras.

José Azcona Hoyo abogó por "un arreglo que respete al frente sandinista, pero en el cual no persista su hegemonía"

"Es muy difícil el afianzamiento de un enclave totalitario en Centroamérica. Los norteamericanos no lo van a dejar en paz nunca" subrayó.

Advirtió que "si no hay una solución política habrá lucha por años y años. Habrá una acción directa de los Estados Unidos -aunque creo que muy difícil que ocurra- o de lo contrario tendremos un sistema que para sobrevivir deberá expandirse a otros países y no habrá paz porque el resto va a defenderse"

"Si hay una solución pacífica tiene que ser merced a una apertura democrática. La paz de Centroamérica pasa por Managua"

Por otra parte, Azcona defendió las maniobras militares que realizarán Honduras y los Estados Unidos en mayo próximo y criticó al presidente mexicano, Miguel de la Madrid.

"porque no debió hablar mal de ello"

"Nosotros tenemos derecho a fortalecer nuestras Fuerzas Armadas y hacer maniobras con un país amigo.

Nosotros aceptamos las maniobras, las acepta el Congreso Nacional, las acepta el pueblo de Honduras y nadie tiene derecho a hablar mal de ello porque se trata de una decisión soberana", puntualizó.

El presidente de México, "hizo muy mal en hablar de este asunto el otro día en Guatemala. Hizo muy mal en hacer comentarios al respecto" dijo el jefe de Estado hondureño".

Se trata de demostrarles a los nicaragüenses que no estamos solos, pero de ninguna manera intentamos prepararnos para agredirlos. No atacaremos a Nicaragua, en todo caso nos vamos a defender" señaló.

En otro orden, dijo que "a menos que haya un clima de buena disposición, no deben ponerse excesivas esperanzas" en la reunión de presidentes centroamericanos prevista para junio próximo en la ciudad guatemalteca de Esquipulas.

"Si no hay buena disposición, estaremos hablando algunos en un lenguaje y otros interlocutores en otro distinto. Yo no voy a ser demócrata en Honduras y prototalitario en Esquipulas", subrayó José Azcona Hoyo.

Opinó luego que las gestiones de paz del Grupo de Contadora y de su comité de apoyo "van a seguir los años que sean necesarios" porque los países que integran esos grupos "son líderes del continente y tienen que seguir con esa tarea"

Sin embargo, el presidente de Honduras dijo que Contadora "está fuertemente influida por un sentido, en algunos países, de resentimiento hacia los Estados Unidos".

Ocurre que usted habla con todos los líderes de esos países y están conscientes de que el régimen sandinista va caminando hacia el totalitarismo, pero en cambio cuando hay una reunión son incapaces de hacerle un emplazamiento a Nicaragua", afirmó por último Azcona.

El Heraldo/27 de abril de 1987

ENCHIBOLADOS AZCONA Y MONTOYA SOBRE REDUCCIÓN DE IMPUESTOS

El presidente del Congreso Nacional, Carlos Montoya, sostuvo ayer que el presidente José Azcona no puede reducir los impuestos a las exportaciones de café y que más bien es necesario hacer los ajustes necesarios para continuar con el desarrollo económico del país y seguir siendo sujetos de crédito.

Hace unos días, Montoya dijo que una comisión de la Cámara Legislativa está revisando las tarifas de la Empresa Nacional de Energía Eléctrica (ENEE) para reducirlas, principalmente al sector industrial.

Sin embargo, el mandatario fue categórico el miércoles de la semana pasada al manifestar que vetará todo decreto que tienda a reducir los ingresos porque eso daría lugar a la devaluación del lempira o la aplicación de más impuestos al pueblo.

También enfatizó que se opone a la reducción de las tarifas de la ENEE, porque el país tiene compromisos económicos que cumplir.

Empero, dos días después, tras reunirse con los productores de café, prometió que no vetará una reducción a los impuestos a la exportación del grano que en todo caso sería aprobada por el Congreso Nacional.

Ahora, el presidente del Congreso sostiene que el gobernante no debe apoyar una eventual reducción a los impuestos a las exportaciones del café, agregando que "estamos identificados en la necesidad de tomar algunas decisiones heroicas y orientadas con el esfuerzo de todos para el saneamiento de nuestra propia economía".

Montoya anunció que el Congreso vacacionará en mayo próximo, luego que sean aprobados los presupuestos de algunas instituciones autónomas.

La Tribuna/28 de abril de 1987

Torneo para "Gente Grande"

AZCONA H. CAMPEÓN INVICTO DE PING PONG

Gonzales Camino, sub-campeón
Castro Arita, tercer lugar

TEGUCIGALPA, D.C. (Por Jorge A. Cálix). - El ingeniero José Azcona Hoyo se agenció en forma invicta el título de campeón del I Torneo de Tenis de Mesa para Gente Grande, realizado el sábado anterior en la sede de la Asociación Hondureña de Tenis de Mesa (ASOHTEM) de la ciudad capital.

LOS ACTOS PROTOCOLARIOS

Como preámbulo al evento el secretario de ASOHTEM, Antonio Rosales dio la bienvenida a los 16 participantes de esta serie internacional de ping pong, la primera que se realiza de una competencia de tres que se han programado para este año 1987.

Seguidamente el presidente de la ASOHTEM -Kennet Rivera- dio por inaugurado el evento en que participaron los representantes de: España, Israel, Estados Unidos, Brasil, China y Honduras. El evento se inició a las 14:30 horas jugando Mario Belot frente al embajador de Israel Shlomo Cohen, el embajador de España Fernando González Camino García jugó frente al periodista Leonardo Galindo, el coronel Lewis Keith con el teniente coronel Mark Jones y el embajador de Brasil –Cyro Do Espíritu Santo- contra el agregado militar de China: Mario Fu.

EMOCIONES Y ESTILOS EN LOS JUGADORES

La tarde se tornó excelente y los participantes hicieron gala de sus mejores estilos para acumular los puntos que los llevarán a las mejores posiciones al final de los 15 juegos que contenían la jornada deportiva.

Don Jaime Rosenthal Oliva ganó sus primeros dos sets frente al raquetista Ramón Valladares Soto, luego frente al líder José Azcona Hoyo perdió sus dos sets para acumular los doce puntos finales con que finalizó su participación, realizó una tercera victoria y concretó tres empates.

Otra de las figuras que también lució mucho sus cualidades de raquetista mayor de los 45 años fue don Feizal Sikaffi, quien totalizó 15 puntos, pero dejó gracia en la forma del estilo de ejecutar los saques y los remates de la raqueta chica.

Mario Belot también a pesar del exceso de peso, probó que la agilidad no se pierde con disciplina deportiva 16 puntos fueron suficientes para dejar constancia de su estilo deportivo en este gustado deporte.

Dentro de las figuras que lucharon temporáneamente desde el inicio por los primeros lugares fueron: el ingeniero José Azcona quien ganó todos sus juegos, el embajador de Israel y el coronel Mario Castro Arita, quien tuvo que ejecutar un juego extra frente al doctor Paul Vinelli por el tercer lugar.

ESPAÑA Y HONDURAS JUEGO DE EMOCIONES

El evento tuvo un gran final con el juego que realizaron los raquetistas de Honduras (José Azcona) y España (Fernando González Camino García). Ambos deportistas supieron arrancarles a los presentes aplausos por la efectividad de sus remates en acumular puntos.

Tanto el ingeniero Azcona y Camino García, lucieron como favoritos de la jornada deportiva. Los dos raquetistas hicieron una presentación deportiva que llevó a los presentes a hacer sus mejores comentarios de los dos sets finales que ganó el ingeniero Azcona con resultados apretados de 21/20, no sin antes haber pasado por la igualdad en puntos 13/13-15/ 15 18/18.

Actos de inauguración del I Torneo de Tenis de Mesa, realizado en Tegucigalpa el sábado pasado. La competencia la ganó el presidente de la República José Simón Azcona Hoyo. *(FOTO GUILLEN).*

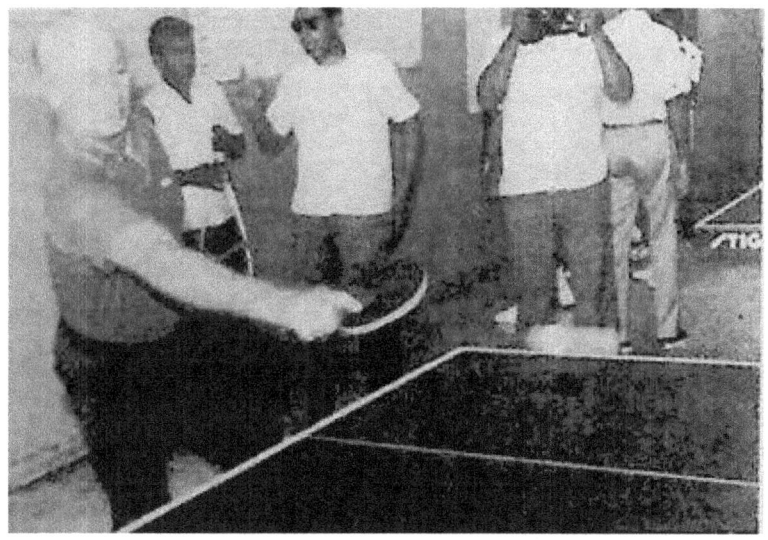

El ingeniero José Simón Azcona Hoyo dejó claramente establecida su calidad como jugador de Ping Pong. El presidente del país logró adjudicarse el título del I Torneo de Tenis de Mesa para Gente Grande de manera invicta. *(FOTO GUILLEN).*

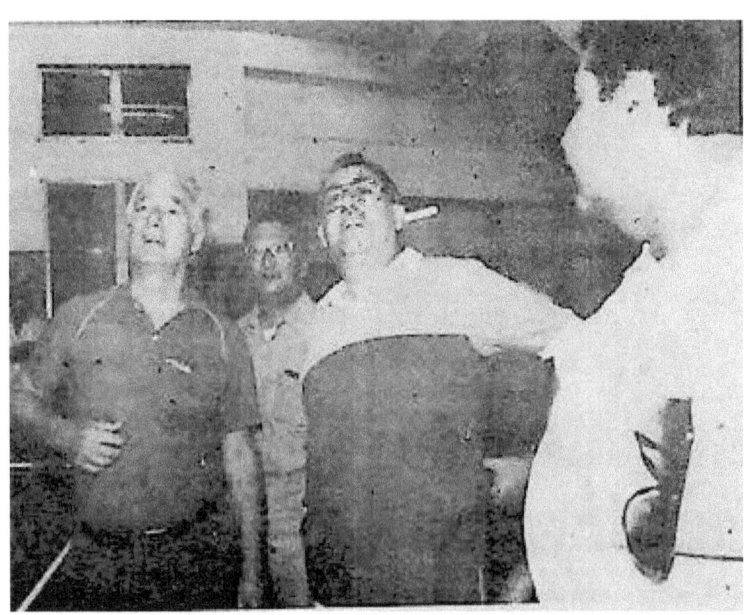

El presidente Azcona Hoyo y su designado Jaime Rosenthal Oliva platican amenamente antes de enfrentarse en un partido ganado por el mandatario hondureño y que al final se adjudicó el título. *(FOTO GUILLEN)*.

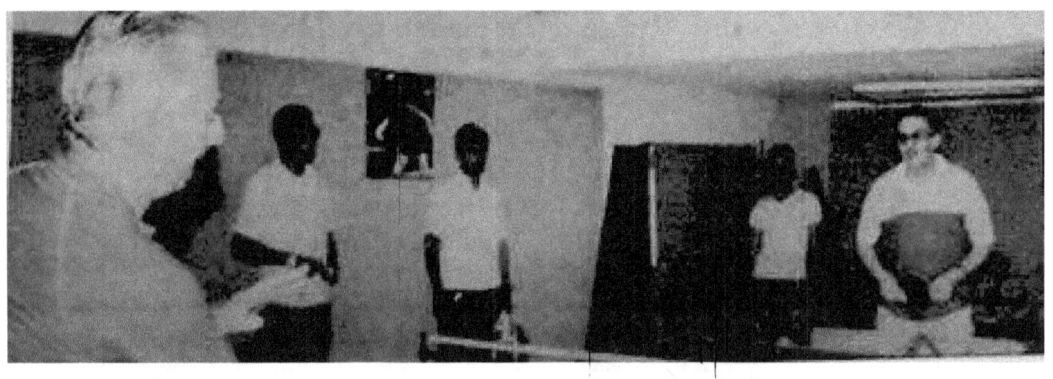

Tiempo/27 de abril de 1987

Microeditorial

AZCONA Y LA PAZ EN CENTROAMERICA

Es decisión de los hondureños mantenernos al margen de las guerras intestinas centroamericanas. Es decisión igualmente nuestra rechazar con vehemencia patriótica todas las formas de terrorismo, incluida la guerrilla. Los hondureños nos hemos unido en condenar todos los intentos desestabilizadores de los enemigos de nuestra democracia; los hemos combatido en sus tareas de sembrar vientos huracanados, capaces de arrastrarnos a la disolución y al enfrentamiento entre hermanos. Así hemos triunfado manteniendo la paz que todos los hondureños disfrutamos hoy.

Por eso nos sentimos públicamente impresionados por las declaraciones del presidente Azcona Hoyo en cuanto a señalar, con precisión, que la tranquilidad y la paz en las hermanas naciones de Nicaragua y El Salvador debe estar basada en una reconciliación interna de cada Estado a través de procedimientos humanos, dignidad y decoro a los derechos ciudadanos, respeto por la conciencia del hombre, por sus valores morales, su familia, su partido político, su trabajo, su libertad de informar e informarse, de poder concurrir o no concurrir a una iglesia y de poder elegir libremente a las autoridades superiores de la República. Como pueblo, Honduras ha demostrado su amor por la paz, consideraciones especiales a la democracia y rechazo definitivo a la opresión, a la guerrilla y al terrorismo, lo lógico que así sea en todos los países.

El Heraldo/28 de abril de 1987

GOBIERNO NEGOCIA CON EL BANCO MUNDIAL PRÉSTAMO POR 300 MILLONES DE LEMPIRAS

***Han mejorado precios de productos que exporta Honduras, asegura Gonzalo Carías*

Una delegación del Banco Mundial llegó ayer al país y hoy se reunirá con autoridades del Banco Central de Honduras para negociar un préstamo de más de 300 millones de lempiras.

El presidente del Banco Central, Gonzalo Carías Pineda, tras reunirse la tarde de ayer con el presidente José Azcona Hoyo, informó que el préstamo servirá para apoyar el sector agrícola del país.

Los delegados del Banco Mundial negociarán este fuerte crédito con Honduras en tres semanas y según Gonzalo Carías los intereses que estos piden no son tan altos.

Actualmente el gobierno tiene pendiente una solicitud del sector agropecuario y ganadero que es un crédito por cien millones de dólares. La otra parte se utilizaría para el cuidado del bosque a través de COHDEFOR y préstamos a pequeños agricultores por medio de BANADESA.

El crédito de los 300 millones de lempiras hasta ahora no ha sido aceptado por el gobierno de Honduras y por eso hoy se comenzará a negociar.

"Si nos parecen las condiciones los despachamos", dijo Gonzalo Carías.

En la sesión con el mandatario el presidente del BCH le informó que la situación económica del país no es tan dura como se ha venido diciendo. Al contrario, han mejorado las exportaciones y el ingreso fiscal ha aumentado en más de 60 millones y las reservas monetarias son aún mayores que el año anterior a pesar que se le han pagado al Fondo Monetario Internacional más de 20 millones de dólares.

Carías agregó que a pesar de muchas cosas que han sucedido como es el retiro de la Rosario Resources Co. que sí han afectado la economía se están haciendo las gestiones para ver como viene otra empresa a explotar la mina, pues en la última semana ha mejorado el precio de la plata y el oro en el mercado internacional.

"Ya somos competitivos en el exterior, el precio de la carne ha aumentado a 1.09 la libra, el algodón se está cotizando a 66 dólares, precios que son buenos", sostuvo el presidente del Banco Central.

En cuanto a la posibilidad de una devaluación del lempira, dijo que de ello ya no se puede estar hablando, "no hay motivos técnicos para devaluarlo, salvo que asuntos políticos, pero ello ya está fuera de nuestro alcance.

El presidente José Azcona Hoyo ha sido claro en el sentido que tampoco quiere aumentos de impuestos, ni en las tarifas de los servicios públicos ni la devaluación y ello se va cumplir hasta el final", apuntó.

El Heraldo/28 de abril de 1987

SI JESUCRISTO LEYESE EL PERIODICO

(Michel Quoist). Tomado de "Cita con Jesucristo"

Cada noche leo el periódico, después de haberle dado una ojeada por la mañana. Quiero estar al día de los acontecimientos. Es un deber, lo sé y lo repito gustoso a mi alrededor. Así, sobre este punto como tantos otros, me he ido formando una buena conciencia: soy un hombre que está al día, que no es indiferente a la marcha del mundo, ni mucho menos. Tengo mi opinión y puedo discutir.

Pero acabo de descubrir de repente que no hay mucha diferencia entre mi manera de leer el periódico, como militante cristiano, de la que tiene cualquier otro militante no cristiano.

Y creo que tiene que haber una diferencia: está en la disposición profunda. El que vive auténticamente su fe no puede ya mirar el mundo con una simple mirada humana.

Porque soy cristiano, soy "de Cristo" he de imitarle, más aún, identificarme con él, continuarle. Ahora bien, si Jesús hubiese venido a la tierra hoy ¡qué representan dos mil años en la historia de la humanidad! -, ¿de qué manera habría leído él el periódico? Porque lo leería, no hay duda. ¿Podría acaso desinteresarse de las noticias del mundo? ¿Cómo podría dejar sin abrir las cartas que llegan diariamente a los hombres, dándoles noticias de sus hermanos del mundo entero?

Buscaría en primer lugar las fuentes más seguras, las menos estropeadas por las pasiones, las que respeten sobre todo la verdad que tanto ama.

Pero ¿qué representaría para él las "noticias" que devoran cada día millones de hombres ávidos de saber? ¿una serie de acontecimientos humanos penosos, alegres, descorazonadores, ridículos, horripilantes…? ¿materia de discusión, de suspiros, de pasiones, de rencores…? Vería todo eso, pero, más allá de ese hervidero de vida, vería el reino de su Padre que se hace o se deshace. Jesús, al leer el periódico, leería las noticias del reino; ¿en qué se convierten mis hermanos que son mis "miembros" vivientes? ¿cómo va la construcción de mi cuerpo? ¿qué obstáculos, fracasos, avances hubo ayer? ¿y hoy?

Y, ante el periódico, Jesús rezaría al Padre.

Para la humanidad no hay distintas historias, una historia profana y otra historia santa.

Para el hombre no hay distintas vidas, una vida humana y otra vida cristiana.

No hay más que una historia, no hay más que una vida, porque lo "temporal" y lo "espiritual" -usando estas palabras para entendernos-, aun siendo distintos, están indisolublemente unidos en el corazón de los hijos de Dios.

Quien vive de la fe, es decir, quien mira las cosas como Jesucristo, ve en los acontecimientos su dimensión de eternidad.

Yo no leo el periódico como debería leerlo un cristiano.

Primero, con el pretexto engañoso de que "he de estar al día", le dedico demasiado tiempo.

Además, avanzo en la lectura con una curiosidad mal disciplinada. Me detengo demasiado en sutilezas atractivas para mí, pasando rápidamente sobre noticias esenciales, sobre artículos de contenido profundo.

Finalmente, juzgo severamente, condeno o me felicito orgullosamente de mi olfato político: "Ya lo había previsto… no tenía por qué hacerlo… etcétera"

Reflexiones profundas, pocas. Me quedo en la periferia de las cosas, contentándome con un pequeño estremecimiento de sensibilidad ante los acontecimientos penosos. A veces una especie de oración tranquiliza mi conciencia y me confirma en mi buena fama.

El Señor pide mucho más: que me parezca a él.

Soy un amigo de Jesucristo: "Ya no os llamaré siervos, sino amigos". Soy de la familia, hijo, estoy implicado en el triunfo del reino. No soy responsable únicamente de mi pequeño desarrollo personal, sino que estoy comprometido con todos mis hermanos en el desarrollo total de la comunidad humana. El periódico, cada día, me da noticias de esa impresionante marcha hacia adelante.

He de ser capaz de leer, no sólo entre líneas, sino más allá de las líneas, porque la realidad total de los acontecimientos sobrepasa infinitamente la superficie sensible. Tengo que conseguir otra visión, una "doble visión" la de la fe, la mirada de Cristo para ver "más allá" de las personas y de la historia.

Para acostumbrarme a superar la corteza visible del acontecimiento, tengo que alimentarme regularmente del evangelio.

Esta comunión fiel me permitirá adquirir la mentalidad de Jesucristo: sus preocupaciones, sus reacciones, su manera de ver las personas, su visión del mundo.

Si soy fiel, descubriré muy pronto en los acontecimientos los valores evangélicos que son criterios del progreso del reino: el esfuerzo de los hombres en favor de una mayor libertad, justicia, responsabilidad, dignidad para las personas y los pueblos; todo lo que es "ascensión humana", desde la organización de las profesiones, de los mercados, de la construcción, hasta la enseñanza, la cultura, todo lo que es trabajo en favor de la paz, esfuerzo de unión, tratados, solución pacífica de los conflictos…

Paralelamente, descubriré los obstáculos: ciertos acontecimientos políticos, económicos, sociales: encarcelamientos abusivos, restricciones de la libertad de expresión o simplemente de la libertad, desigualdades flagrantes y sostenidas, el paro forzoso, la falta de viviendas, de escuelas, las rupturas de conversaciones y de diálogo entre los individuos o los pueblos, las violencias… ¡y tantas otras cosas!

Entonces debería, como haría Jesucristo, orar al Padre: pedirle perdón por el pecado, alabarle por los avances del reino y ofrecerle todo el esfuerzo de los hombres que saben o no saben que con cada uno de sus gestos participan en el penoso caminar del pueblo de Dios hacia la tierra prometida.

Si los cristianos todos, y cada día, superando la curiosidad y la emoción sensible, supiesen leer el periódico como un hijo de Dios, aprenderán a descubrir los signos que les hace Jesucristo entonces, su compromiso no sería sólo fruto de una reflexión humana, sino también un avanzar amoroso hacia un amor que invita.

Yo no puedo diariamente pararme mucho tiempo ante el periódico para hacer de mi lectura el punto de partida de una meditación seria (tengo que hacerlo de vez en cuando), pero sí puedo cada día, durante unos instantes, unos segundos, tomándolo todo entre mis manos, ante el Padre que mira, ofrecer, por Jesucristo,

la humanidad que balbucea,

el mundo que camina lentamente, muy lentamente,

hacia el amor eterno.

EXPLOSION DEMOGRAFICA, RELIGION Y GOBIERNO

Por: Moisés de Jesús ULLOA DUARTE

Siempre ha sido, y lo será por mucho tiempo, tema de grandes controversias la armonización entre los principios morales y religiosos y la necesidad que tienen las naciones de ejercer de alguna manera un control efectivo de la explotación demográfica que amenaza con desequilibrar todo orden establecido, en lo económico, en lo político y en lo social.

El acatamiento de las ordenanzas religiosas emanadas del Pontificado en el caso de la Iglesia Católica que es, en su mayoría, el de nuestro país, merece el respeto de los creyentes de acuerdo a su grado de religiosidad. Por otra parte, los gobiernos conscientes del grave problema que entraña una explosión demográfica peligrosa, se ven obligados, por la realidad de sus circunstancias, a imponer una política específica para cada caso a fin de controlar el crecimiento de su población.

Factores importantes en la formulación de esa política son las cifras estadísticas que, con toda frialdad, informan a los encargados de aplicarla sobre su propia capacidad de generar el crecimiento económico necesario para proveer de los medios indispensables para las necesidades de esa población que a veces, como en el caso de HONDURAS, se duplica cada 20 años o tal vez en un tiempo menor.

Este es un tema sumamente serio y merece toda la atención de la sociedad y del gobierno. En ello está en juego nada menos que el destino de un país. Y vale la pena preguntarse ¿qué clase de futuro deseamos y estamos construyendo para las próximas generaciones de habitantes? Está a la vista que el crecimiento económico y la lentitud del desarrollo nacional no guardan proporción con el número de pobladores que tendrá HONDURAS en los primeros años del nuevo siglo. El asunto estriba en que la solución de ese grave problema corresponde a la sociedad y sus autoridades contemporáneas, a los gobernantes y grupos sociales de hoy.

Si la Fe cristiana constituye la esencia de nuestra espiritualidad, en el caso de los creyentes mucho más importante que los asuntos propiamente terrenales, es de toda conveniencia la observancia del mandato religioso y la no contravención de sus principios. Todo, por supuesto, dentro de una inteligente racionalidad que la Iglesia, con su sabiduría y fuerza moral, señala con toda claridad.

Los gobiernos, por su parte, no pueden ni deben ampararse tras la excusa de su pobreza y falta de desarrollo para imponer un control de la natalidad despojado de toda humanidad y en contraposición a los principios de la Iglesia, para librarse de su obligación primaria de impulsar el desarrollo necesario y las medidas sociales y políticas que aseguren, en la medida de los posible y razonable, unas condiciones de vida más dignas y aceptables para todos los miembros de la comunidad. Después de todo, ese es el fin primordial de cualquier gobierno que se precie de justo.

Los importante es buscar una solución que, como expresamos antes, venga a armonizar lo religioso y espiritual con una realidad socio-económica que no se puede soslayar y mucho menos ignorar. La Iglesia ofrece soluciones muy dignas de ser tomadas en consideración por todo gobernante que no debe desconocer la realidad del país que dirige, que está obligado a comprender sus necesidades tanto materiales como espirituales y cumplir con todo lo que prometiera a sus electores. En temas como el que nos ocupa, igual que en todos los que se relacionan con la ciencia y el arte de gobernar, el pueblo espera de los que en su nombre ejercen la autoridad y manejan su política, sólidas dotes de sabiduría, conocimiento y sentido común.

El Heraldo/Mayo 1987

PESIMISTA AZCONA SOBRE RESULTADOS DE CUMBRE

***Expresó el mandatario que no podrá imponerse un acuerdo a quienes no participan en la negociación.*

BUENOS AIRES, 26 (AP). - En entrevista que publica hoy en primera plana el diario "La Nación" el presidente hondureño José Azcona Hoyo, expresa escepticismo sobre los resultados de la reunión de mandatarios centroamericanos en la ciudad de guatemalteca de Esquipulas, y propugna que se consulte la opinión de los insurgentes nicaragüenses respecto a la solución de la crisis regional.

Azcona, entrevistado en Tegucigalpa, por un enviado del diario argentino, también formula reparos a la propuesta de paz de su colega de Costa Rica, Oscar Arias, que recomienda negociaciones entre las partes involucradas en el conflicto, y un proceso de desarme.

Las medidas propuestas por Arias serán el centro del temario de la reunión de Esquipulas, y recientemente fueron calificadas como "muy importantes" por la reunión ampliada del Grupo de Contadora efectuada el 13 de abril en Buenos Aires, con miras a reactivar el proceso de negociación en América Central.

El vicepresidente de Nicaragua, Sergio Ramírez, dijo recientemente que podrían ser "aceptables" para su gobierno.

"Por sobre todo hemos considerado las magníficas intenciones del presidente Arias, que están más allá de toda duda. Sin embargo, tenemos algunas objeciones. Creemos, por ejemplo, que el cese del fuego debe ser el producto de un diálogo entre los nicaragüenses… a nosotros, los presidentes centroamericanos, no se nos ha otorgado poder para firmar un cese del fuego, en digamos, representación de los contrarrevolucionarios nicaragüenses", declaró Azcona.

El mandatario hondureño añadió que, si bien no cree que los rebeldes nicaragüenses deban ser invitados a la reunión de Esquipulas, "la aprobación del plan debería tener por condición, que los guerrilleros estén de acuerdo con sus términos, que hubiera reconciliación nacional, amnistía y todas esas cosas".

Al referirse a la propuesta de Arias, Azcona añade que "se puede acudir al cese del fuego inmediato posible. Con qué autoridad les voy a decir yo a los contrarrevolucionarios de Nicaragua: miren, ya firmé esto y ahora ustedes dejan de disparar si yo no tengo ninguna relación ni ningún poder sobre ellos".

"Yo entiendo al presidente Arias cuando, desesperadamente busca una salida política…pero una salida política de ninguna manera debe consistir en el afianzamiento del régimen sandinista.

El apaciguamiento no tiene lógica ni es posible", agregó Azcona.

En cuanto a la reunión cumbre de Esquipulas, afirmó que creo que no deben ponerse esperanzas excesivas, a menos que haya un clima de buena disposición. Si no, estaremos hablando algunos con un lenguaje y otros interlocutores con un lenguaje distinto. Yo no voy a ser demócrata aquí y en Esquipulas, voy a ser prototalitario".

Por otra parte, censuró al presidente mexicano Miguel de la Madrid, por haber criticado recientemente en Guatemala, las maniobras militares conjuntas que realizan Estados Unidos y Honduras.

"Estas son sólo maniobras militares de dos países amigos. A nadie debe molestarle eso, y nadie tiene derecho a criticar eso. Esto es un acto soberano. Nosotros aceptamos las maniobras, las acepta el Congreso Nacional, las acepta el pueblo de Honduras…México hizo muy mal en hablar de este asunto el otro día en Guatemala…", expresó.

Asimismo, el presidente de Honduras, señaló que cualquier solución pacífica en América Central, requiere que el gobierno sandinista abandone su actual orientación "marxista-leninista", pues de lo contrario "los norteamericanos no los van a dejar en paz nunca".

De no haber esa "rectificación" sandinista "no va a haber paz. Ahí habrá la acción directa de los Estados Unidos, aunque yo creo muy difícil que ocurra, o de lo contrario tendremos un sistema que para sobrevivir tendrá que lograr su propia expansión a otros países. Y los demás países van a defenderse, vamos a tener que guarnecer nuestra frontera, Costa Rica tendrá que formar su ejército", manifestó.

La Prensa/27 de abril de 1987

EMBAJADOR ARGENTINO SE DESPIDIO DEL PRESIDENTE AZCONA

El presidente de la República, José Azcona Hoyo, aparece en amena plática con el embajador de Argentina, doctor Luis Nicolás Sánchez, quien llegó a la casa de gobierno a despedirse del mandatario después de rectorar esa representación en Honduras por más de dos años.

El doctor Sánchez agradeció al ingeniero Azcona la solidaridad que le brindó al presidente argentino Raúl Alfonsín, ante la amenaza de golpe de Estado por parte de los militares. También manifestó su satisfacción de haber prestado sus servicios diplomáticos en nuestro país. (Foto Efraín Salgado).

*El Heraldo/*27 de abril de 1987

Al aniversario de FESITRANH

AZCONA VIAJA HOY A SAN PEDRO SULA

El presidente de la República, José Azcona, estará hoy en San Pedro Sula para asistir al aniversario de la Federación de Sindicatos de Trabajadores Nacionales de Honduras (FESITRANH).

En su visita a la Costa Norte el mandatario será acompañado por los principales funcionarios que tienen relación con la actividad agroindustrial.

LA FESITRANH cumple mañana sus treinta años de fundación y al acto se han invitado las principales autoridades del país.

El fin de semana anterior la FESITRANH reeligió a Francisco Guerrero como presidente de dicha organización sindical.

En su discurso el mandatario resaltará la importancia que tiene para el desarrollo del país la clase trabajadora.

El Heraldo/28 de abril de 1987

NUEVA VISITA DE HABIB. - El embajador de la Casa Blanca para Centroamérica. Philip Habib, inició ayer su sexta gira por la región para tratar con los mandatarios del istmo el llamado Plan Arias. Ayer visitó Costa Rica y luego se reunió con el presidente Azcona (*Foto Efraín Salgado*) Inf. Pág 2

El Heraldo/28 de abril de 1987

JOSÉ AZCONA ASISTIRÁ HOY A ANIVERSARIO DE FESITRANH

SAN PEDRO SULA. - El presidente de la República, ingeniero José Simón Azcona Hoyo, estará presente hoy en los actos conmemorativos a la celebración del trigésimo aniversario de la fundación de la Federación Sindical de Trabajadores de Honduras (FESITRANH).

El presidente de esa federación, Francisco Guerrero Núñez, dijo a TIEMPO que el mandatario personalmente vía teléfono había confirmado su asistencia en los actos que la FESITRANH desarrollará a partir de las 7:00 de la noche en el Auditorio Cívico de la colonia FESITRANH al norte de la ciudad.

Agregó Guerrero que al evento fueron invitados todas las autoridades civiles y militares representantes del sector privado, las federaciones y centrales obreras y campesinas fraternales y las juntas directivas de todos los sindicatos federados a esa organización.

Dijo también que se espera la presencia del jefe de las Fuerzas Armadas, general Humberto Regalado Hernández y que en la celebración participen aproximadamente unas 400 personas.

El programa a desarrollar se iniciará con la entonación del Himno Nacional y el Himno Solidaridad del Movimiento Sindical de Honduras. Como tercer punto se tiene programada la invocación a Dios por monseñor Jaime Brufau.

Las palabras de ofrecimiento de los actos serán presentadas por el presidente federal, Guerrero Núñez, luego se escucharán las palabras del ciudadano Presidente de la nación. Como orador principal estará el primer presidente de la FESITRANH, Céleo Gonzáles.

Asimismo, en los actos protocolarios se hará entrega de diplomas de reconocimiento a los fundadores de esa federación el 28 de abril de 1957 en la ciudad Puerto de Tela, Atlántida. La celebración de los 30 años de existencia de la FESITRANH concluirá con un refrigerio.

Indicó el dirigente que entre puntos se contará con la ejecución de actos culturales entre ellos la participación del cuadro de danzas folklóricas de la Oficina Regional de SECTUR (RM)

Tiempo/28 de abril de 1987

[Tenis de mesa...]

AZCONA GANA EL TORNEO "GENTE GRANDE"

TEGUCIGALPA. - En una gran final disputada con el embajador de España Fernando Gonzáles Camino García, el primer mandatario de Honduras, Ing. José Simón Azcona se coronó campeón invicto del torneo de tenis de mesa (ping-pong) para Gente Grande.

El diplomático español y el Ing. Azcona se fueron a un partido extra después de finalizados los juegos clasificatorios de este certamen, el primero de su género que se realiza en Honduras.

Azcona Hoyo finalizó con una puntuación de 26, mientras que Gonzáles Camino García lo hizo con 25, motivando así un juego extra el cual el gobernante nacional lo ganó por dos sets a cero.

El comandante del Estado Mayor de Casa presidencial coronel Rafael Castro y el conocido banquero hondureño don Paul Vinelli acumularon 24 puntos en los 15 encuentros que protagonizaron para ocupar el tercer lugar.

El embajador de Israel Shlomo Cohem quien demostró una gran técnica en los lanzamiento y remates ante sus adversarios (totalizó 23 puntos) en un principio se le daba como favorito para ganar el título, pero jamás se imaginó que tenía un adversario de la calidad del Ing. Azcona.

Una de las muchas sorpresas suscitadas en este torneo fue el resultado que dejó el juego desarrollado entre el embajador de los Estados Unidos Everett Briggs y su compatriota Mark Jones, en un principio se daba como favorito al primero, pero conforme se fue desarrollando el partido los puntos favorecieron al militar 2 sets por 0.

Quien se fue en blanco y no pudo ganar un solo partido de los 15 fue el abogado Ramón Valladares Soto, quien fue derrotado por todos sus adversarios, situación que no influyó en lo absoluto en su estado anímico, y les presentó una férrea lucha.

El coronel norteamericano Lewis Keith, el conocido empresario sampedrano don Mario Belot y el embajador de Brasil, Cyro Gabriel Do Espíritu Santo totalizaron 16 puntos respectivamente.

El conocido hombre de negocios Feizal Sikaffy acumuló 15 puntos, el designado presidencial Jaime Rosenthal Oliva hizo 12, Briggs 7, el agregado militar de China, capitán de Navío, Mario Fú finalizó con 9, el coronel Jones 11, Gilberto Well 6 y el periodista Leonardo Galindo hizo 6 puntos.

El Ing. Azcona en compañía de los embajadores de Israel, Estados Unidos, España y Brasil, el coronel Castro Arita, el periodista "Nayo" Galindo, el empresario Feizal Sikaffy, el coronel Jones, don Jaime Rosenthal Oliva, el abogado Ramón Valladares Soto, don Mario Belot y Gilberto Well.

La Prensa/28 de abril de 1987

AZCONA INFORMA A HABIB SOBRE SITUACIÓN DE CA

El embajador especial del presidente Ronald Reagan para Centroamérica, Phillip Habib, llegó ayer a Tegucigalpa para conocer del presidente José Azcona y el jefe de las Fuerzas Armadas, general Humberto Regalado un informe sobre la situación regional y sus posibilidades de pacificación.

A su salida de la cita en la Casa de Gobierno, el delegado norteamericano afirmó que a él le gusta mucho venir a la región, en la que los presidentes de Costa Rica, Honduras, El Salvador y Guatemala le informan sobre el avance logrado en las gestiones encaminadas a sentar la paz en el área y de su situación.

En este sentido, dijo que el presidente Azcona le informó con detalle sobre estos temas, de los que no quiso informar, excusando que de lo que aborda con sus interlocutores del istmo muy poco le gusta hablar.

Sobre el pesimismo del mandatario hondureño en torno a la Cumbre de Esquipulas, Habib se refugió en su excusa y remitió a los periodistas a formular las interrogantes del caso al propio Azcona.

El embajador especial del presidente Reagan viajó ayer desde Costa Rica y, hoy, partirá hacia El Salvador.

El enviado especial de la Administración Reagan, Phillip Habib, al momento de ingresar a la Casa de Gobierno acompañado del embajador Everett Briggs. (*Foto de Aquiles Andino*).

La Tribuna/28 de abril de 1987

EDITORIAL

La paz pasa por Managua y acercamiento con la URSS

El presidente de Honduras, ingeniero José Simón Azcona del Hoyo, ha movido la atención internacional y la del patio al asegurar a un rotativo argentino -La Nación- que si no hay solución política en el cotarro centroamericano "habrá acción directa de los Estados Unidos en Nicaragua, aunque creo muy difícil que ocurra".

Para el presidente Azcona el quid de la cuestión está en la actitud que asuma el régimen sandinista de Nicaragua, que, por lo demás, es el único responsable de lo que pasa en América Central. "La paz de Centroamérica pasa por Managua", enfatiza al repetir una frase dicha ya por destacados portavoces del gobierno norteamericano.

Para nosotros, los hondureños, los juicios del presidente de la República en cualquier materia son muy importantes, pero sobre todo en política internacional. Tenemos problemas enormes en el interior, pero la mayoría de ellos están vinculados con la problemática centroamericana.

Como lo hemos afirmado en más de una ocasión, en la actualidad hondureña se da el contrasentido de que nuestra política nacional está determinada por la política exterior. En ninguna otra parte es así, pero hasta en eso los hondureños somos diferentes.

Lo que tal fenómeno deja, como corolario, es que Honduras no tiene una política nacional. Por lo tanto, está a merced de las presiones internacionales, en este caso de los Estados Unidos que, hoy por hoy, la deciden todo por el grado casi absoluto de dependencia económica a que hemos llegado, sin que los dirigentes hayan sabido o podido diferenciar el interés nacional con el interés norteamericano.

Las afirmaciones que hemos consignado, hechas por nuestro presidente, tienen mucha transcendencia. Son algo así como el trasfondo de la posición del gobierno hondureño respecto al Plan Arias. Si este se queda en el camino, y el mismo mandatario no es muy optimista en cuanto a los resultados de la futura reunión cumbre de Esquipulas, entonces habrá guerra más en serio.

La guerra, por supuesto, que sugiere una "acción directa" de los Estados Unidos ¿Qué papel jugará Honduras -con las "facilidades" militares que tienen los Estados Unidos en nuestro país- en esa hora crucial? ¿Quedaremos al margen o, como podría ser más probable, nos veríamos metidos hasta el cuello? Eso es un motivo de reflexión.

En cualquier caso, lo que es obvio que desde ahora se está hablando un lenguaje distinto entre los países centroamericanos. Guatemala y Costa Rica, por un lado, piensan distinto en cuanto a la implementación del Plan Arias. Honduras y El Salvador, lo hacen de otra manera, dejando la decisión a los ejércitos al menos en cuanto al cese del fuego. Y los nicaragüenses, por supuesto, también tienen su posición, más afín con Guatemala y Costa Rica.

No es una casualidad, pues, que en el Senado de los Estados Unidos y en la Cámara de Representantes de ese país haya una excelente disposición para apoyar a los gobiernos guatemalteco y costarricense, a la hora de decidir la cooperación económica bilateral, y que, al revés, nos estén midiendo las costillas a los hondureños y salvadoreños, pero sobre todo a nosotros, que aparecemos como los malos de la película.

Y ahora, con las explosivas declaraciones del presidente del Congreso Nacional, licenciado Carlos Orbin Montoya, en el sentido de que, en respuesta al congreso norteamericano, podríamos acercarnos a la Unión Soviética para escapar de la dependencia económica norteamericana, lo más probable es que se apriete la tuerca para que el presidente del Congreso Nacional se salga con su gusto.

Tiempo28 de abril de 1987

153

AZCONA HOYO PRESENTE EN ANIVERSARIO DE FESITRANH

SAN PEDRO SULA. El presidente José Azcona Hoyo asistió anoche como invitado especial a la conmemoración de los 30 años de fundación de la Federación Sindical de Trabajadores Nacionales de Honduras (FESITRANH), realizada en el Auditorio Cívico de la colonia FESITRANH, al norte de la ciudad. El evento fue ofrecido al mandatario por el presidente de esa federación, Francisco Guerrero. Azcona Hoyo envió un mensaje al movimiento obrero en vísperas de la celebración del Día Internacional del Trabajo. A los actos asistieron autoridades civiles y militares, así como también representantes de las demás organizaciones obreras y campesinas del país. *(Separación de Manuel Jiménez. Fotocolor de FIMOLI).*

Tiempo/29 de abril de 1987

[Reconoce Azcona]
HE TENIDO PRESIONES PARA CREAR CARGAS IMPOSITIVAS

SAN PEDRO SULA. - "Reconocemos que han sido mal invertidos algunos fondos provenientes del exterior, pero no por ello nos vamos a echar a llorar ya que la culpa la han tenido algunos hondureños, pero también organismos internacionales de crédito", expresó anoche el presidente de la República, ingeniero José Azcona, quien participó en los actos conmemorativos del Trigésimo Aniversario de la fundación de la FESITRANH.

El mandatario reconoció la labor pionera de los trabajadores hondureños al tiempo que exaltó la labor de los dirigentes de la federación sindical que aglutina a los sindicatos democráticos de las distintas zonas del país.

Confesó Azcona que ha tenido presiones para crear nuevos impuestos, lo que ha sido rechazado, pero también advirtió que ha dado órdenes precisas para evitar la fuga en los pagos de los impuestos, puesto que hay profesionales, explicó, que tratan de justificar pérdidas negando así al fisco lo que en justicia están obligados a pagar.

En los actos conmemorativos desarrollados en el Centro Cívico de la Colonia FESITRANH de esta ciudad, participaron también el jefe de las Fuerzas Armadas, general Humberto Regalado Hernández; la gobernadora política de Cortés, Norma Castro de Gallardo, y distinguidos sindicalistas que en sus mensajes expresaron el apoyo y el respaldo a la democracia y a la libre sindicalización como medios para alcanzar nuevas metas en el desarrollo económico y social.

La Prensa/29 de abril de 1987

FESITRANH CELEBRA TRIGÉSIMO ANIVERSARIO

El Presidente de la República participó anoche en los actos conmemorativos del trigésimo aniversario de la fundación de la FESITRANH que se llevaron a cabo en el centro cívico de la federación sindical. En la gráfica, acompañan al mandatario el general Regalado Hernández, Francisco Guerrero, Céleo González y Norma Castro de Gallardo. *(Foto Guilmor).* **Información en la página 2.**

La Prensa/29 de abril de 1987

AZCONA Y LA PAZ EN C.A.

Entrevistado por el Diario "La Nación", de Buenos Aires, Argentina, el presidente José Azcona exteriorizó un franco escepticismo ante las posibilidades de éxito de la próxima reunión de gobernantes centroamericanos a celebrarse en Esquipulas (Guatemala), y ratificó su conocida posición en el sentido de que no habrá paz en la región a menos que el régimen de Managua abandone su posición marxista-leninista.

En LA PRENSA compartimos plenamente este punto de vista. Nadie ignora que la revolución tuvo, en el momento de la lucha, el respaldo de muchos latinoamericanos, y que los medios de comunicación en Centroamérica (incluido el nuestro), criticamos con firmeza la existencia del sistema autoritario y corrupto de la familia Somoza.

Pero al caer la revolución en manos del imperio soviético, todo aquel romanticismo, aquella lucha por la libertad y aquellas esperanzas democráticas se redujeron a escombros, cayendo el pueblo nicaragüense en una tiranía peor –mil veces peor- que la que sufrió a manos del somocismo.

Las declaraciones del Presidente de la República probablemente fastidiarán a quienes se autoproclaman "defensores de la dignidad nacional" y critican la presencia de tropas norteamericanas que contribuyen a defender a Honduras de la amenaza sandinista, pero que guardan prudencia silencio y complacencia criminal ante la masiva intervención de la Unión Soviética y Cuba en el vecino país.

Azcona sabe perfectamente eso, pero tiene la franqueza y coherencia de plantear su punto de vista, sin atemorizarse ante la difamación, las operaciones psicológicas y las artimañas distorsionadoras de la propaganda totalitaria.

"..Cualquier solución pacífica en América Central requiere que el gobierno sandinista abandone su actual orientación marxista-leninista, pues de lo contrario los norteamericanos no los van a dejar en paz nunca", dijo el gobernante hondureño.

Y añadió: "De no darse esa rectificación, no va a haber paz. Allí habrá la acción directa de Estados Unidos (aunque yo creo muy difícil que ocurra), o de lo contrario, tendremos un sistema que -para sobrevivir- tendrá que lograr su expansión a otros países. Y los demás países van a defenderse. Vamos a tener que proteger nuestra frontera, Costa Rica tendrá que formar su ejército…"

Uno de los elementos más sólidos de las declaraciones del mandatario es el referente a los rebeldes antisandinistas. Sobre ellos, él se preguntó: "..¿Con que autoridad voy a decirle a los contrarrevolucionarios de Nicaragua "miren, ya firmé esto y ahora ustedes dejan de disparar". Yo no tengo ninguna relación ni ningún poder sobre ellos…"

En efecto, si los Presidentes de Centroamérica suscriben un alto al fuego ¿qué poder coercitivo tiene tal acuerdo sobre los alzados? Es por eso que Azcona insiste en que debe darse un diálogo entre el régimen de Nicaragua y los rebeldes. Pero todo mundo sabe que los dictadores sandinistas no están dispuestos a tal posibilidad.

Finalmente, es interesante subrayar un aspecto del reportaje al jefe de Estado hondureño que tiene una notable significación: nos referimos a la parte de sus declaraciones en que rechaza las posiciones débiles, timoratas y acomodaticias que tan en boga se han puesto en los últimos tiempos.

"Yo entiendo al presidente Arias cuando, desesperadamente, busca una salida política...pero una salida política de ninguna manera debe consistir en el afianzamiento del régimen sandinista. El apaciguamiento no tiene lógica ni es posible...", expresó con energía el gobernante de nuestro país.

Pocas veces la posición hondureña ha sido planteada con tanta claridad. Obviamente, la misma supone una firme adhesión a la democracia y la voluntad clara de no dejarse atemorizar por la amenaza, la coacción psicológica a las campañas de ablandamiento.

Tenemos la certeza de que la gran mayoría del pueblo hondureño comparte esa línea de pensamiento. Y que los minúsculos grupos de la extrema izquierda la combatirán. Pero-- en definitiva-- ¿a quién se debe el Presidente: a quienes lo eligieron o a aquéllos que buscan, afanosamente, convertir a Honduras en un islote más del Archipiélago Gulag..?

La Prensa/**29 de abril de 1987**

EMPRESARIOS INFORMAN A AZCONA DE SU FRACASO ANTE LA "AMAX"

Sólo a pasear fueron a los Estado Unidos los miembros de la Cámara de Comercio e Industrias de Cortés pues ayer en una reunión sostenida con el presidente José Azcona Hoyo, sólo le informaron que la transnacional minera AMAX no regresa por ningún punto a Honduras.

La semana pasada el presidente de la Cámara de Comercio e Industrias de Cortés, Felipe Argüello Carazo, y Edgardo Dumas Rodríguez viajaron a EUA para hacer gestiones para que la Rosario Resources Corporation no abandonara el país y se buscaran mecanismos para ello.

Argüello en declaraciones brindadas ayer luego de reunirse con el mandatario, dijo que la Rosario ya se fue y no puede regresar al país y ahora lo que toca es que el gobierno tome las decisiones que mejor le convengan.

Los motivos por los cuales las gestiones de los hondureños no fructificaron ante la AMAX es que sus ejecutivos aseguraron que se estaban retirando de la explotación de los minerales y que han decidido quedarse únicamente con el negocio del aluminio, oro, molibdeno y carbón mineral.

Argüello Carazo informó que ellos se reunieron con el presidente de la AMAX, el señor Alen Burn, y fue imposible hacerlos regresar a pesar que se les propusieron muchas ideas para que ellos pudieran continuar aquí.

La inversión del mineral El Mochito es tan grande que no es posible que con inversionistas locales se pueda continuar explotando la mina, dijo Argüello Carazo.

Para poder obtener la contratación de una nueva empresa que desea explotar la mina el gobierno tiene un plazo de unos 90 días, de lo contrario la situación se pondría difícil por el mantenimiento que se le debe dar a los túneles para que no se inunden.

Los empresarios de la zona norte informaron al Presidente de su gestión ante la empresa AMAX, propietaria de la Rosario Resources Corp., la que ha decidido definitivamente retirarse de Honduras. *(Foto Lito Herrera).*

El Heraldo/29 de abril de 1987

AZCONA: NO VOY A COMENTAR DECLARACIONES DE MONTOYA

TEGUCIGALPA. El presidente José Azcona Hoyo dijo ayer que, si no existen motivos técnicos para una devaluación del lempira, mucho menos existir razones políticas, porque una medida de esa naturaleza no conviene al pueblo hondureño.

El mandatario se refirió a las declaraciones del presidente del Banco Central de Honduras, licenciado Gonzalo Carías Pineda, asegurando que no hay motivos técnicos para una devaluación del lempira, al menos que exista un interés político para hacerlo, pero que esto último estaba fuera del alcance de los economistas frenarlo.

Azcona manifestó que por las experiencias que han sufrido otros países, al pueblo hondureño no le conviene una devaluación del lempira, y mucho menos a la clase baja, que sería la más perjudicada si la moneda se devaluara.

En cuanto a las declaraciones del presidente del Congreso Nacional, licenciado Carlos Orbin Montoya, en el sentido de que los Estados Unidos no es un país confiable y que Honduras debería entablar relaciones comerciales con la Unión Soviética y demás países socialistas, el presidente Azcona expresó que "esas son opiniones particulares del licenciado Montoya y yo no voy a comentarlas".

Sin embargo, señaló que Honduras tiene intercambio comercial con muchos países socialistas, e incluso relaciones diplomáticas con dos de ellos, con Checoeslovaquia y Yugoeslavia y que acuerdos de cooperación militar no podrían suscribirse con los países socialistas, "porque tenemos un acuerdo sobre asuntos militares con los Estados Unidos y eso va continuar".

Preguntado sobre lo tratado en la reunión que sostuvo el lunes anterior con el enviado especial de los Estados Unidos, Philip Habib, el mandatario dijo que Habib "siempre viene a Honduras para hablar sobre asuntos de Contadora, el Plan Arias y de los arreglos centroamericanos".

Por otra parte, manifestó que todavía no ha confirmado su asistencia a la conferencia denominada "Centroamérica 87: Un nuevo camino", que está programada para desarrollarse del 17 al 20 de junio próximo en Nueva Orleáns, Estados Unidos, porque al parecer el presidente de Guatemala, Vinicio Cerezo, está solicitando que se proponga para después de la cumbre de mandatarios de Centroamérica que se llevará a cabo en Esquipulas a finales de ese mismo mes. (TDG).

AZCONA

Tiempo/29 de abril de 1987

GRACIAS SEÑOR PRESIDENTE

Gracias a su firme apoyo y el de la distinguidísima Primera Dama en el PANI hemos podido redoblar nuestros logros en favor del binomio madre-niño.

Pero también hemos brindado empleo absolutamente estable, en forma directa, a casi 400 hondureños y más de tres mil compatriotas a través de la venta de Lotería Nacional.

Gracias a su apoyo presidente Azcona le estamos cumpliendo a la democracia hondureña.

"Muchas gracias señor Presidente".
Aquí, el director Ejecutivo del PANI,
Perito Mercantil Roberto Galindo, con
el presidente Azcona.

Con la Primera Dama y el ministerio de Salud, durante una donación
de cien mil lempiras del PANI para la Junta Nacional de Bienestar Social.

El Heraldo/29 de abril de 1987

PATRONATO NACIONAL DE LA INFANCIA

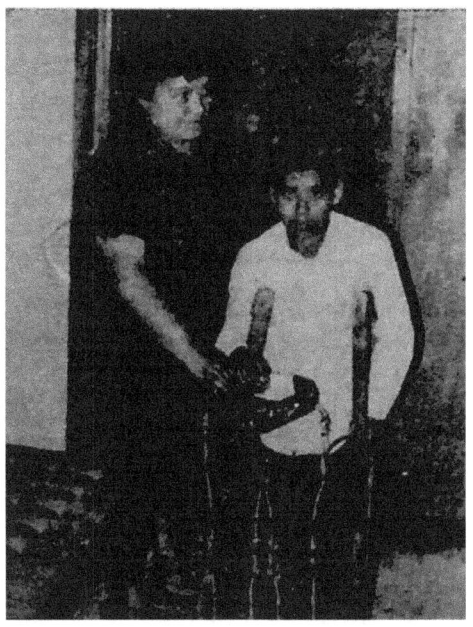

28 instituciones privadas sin fines de lucro reciben asistencia financiera del PANI, que además asiste a menores con limitaciones, durante todo el año.

El Proyecto de Penetración Rural ha dotado agua potable y disposición de excretas a millares de familias en todo el país.

El Heraldo/29 de abril de 1987

UN PAÍS EN APUROS Y UN ALIADO MEDIOCRE

Que nosotros sepamos, la política del gobierno de Honduras sigue siendo la misma en relación con América Central y, más específicamente, con respecto a Nicaragua.

Las recientes declaraciones del presidente de la República, ingeniero José Simón Azcona del Hoyo, así lo indica. Tenemos que reconocer que de acuerdo con nuestra Constitución es el presidente quien fija la política exterior, aunque a veces queda la impresión de que ésta se formula en otra parte.

La política exterior de Honduras es idéntica a la de los Estados Unidos. Ahora que el señor Felipe Habib (el querido, en árabe) ha vuelto por estos andurriales, seguramente que ha confirmado esto. Por eso es que los muchachos, en broma, preguntan qué le dijo Honduras a los Estados Unidos, y responden en son de guasa: "cuando yo sea grande, quiero ser como tú".

No obstante, la pertinacia del presidente en su posición, parece que la lealtad suya y de su gobierno al gobierno del presidente Reagan está resultando un pésimo negocio. Honduras está en apuros económicos, y muy grandes, por cierto.

Pero allá, en los Estados Unidos no es fácil ser visto como "el mejor aliado", y a veces tanta solicitud en seguir la huella más bien concita el desprecio. Quizá por eso es que el Congreso de los Estados Unidos –que apoya firmemente el Plan Arias- no parece dispuesto a otorgar el mismo tratamiento en su ayuda bilateral a los países de América Central.

Los que ganan el favor de los Estados Unidos -que lo concede en Congreso y no la Casa Blanca- son los que apoyan el Plan Arias. Los que siguen pegados al refajo del señor Elliott Abrams pagarán los platos rotos. Así de sencillo.

Entonces se ensaya una especie de chantaje, que resulta un tanto ridículo. Sorpresivamente, el presidente del Congreso Nacional, licenciado Carlos Montoya, y el asesor del presidente de la República, abogado Carlos Falck, coinciden en que, para equilibrar la balanza - y ciertamente la de pagos- hay que acercarse a Europa. A la Europa occidental y cristiana y a la comunista y atea.

Aparentemente, estos dos personajes discrepan abiertamente con la posición del señor presidente Azcona. Y, aparentemente también, se deja la impresión de que en Honduras se ensaya un replanteamiento de la política exterior. Porque eso y no otra cosa sería el desplazamiento diplomático a Europa.

Los que conocen nuestro medio - y en ello no sólo incluimos a los catrachos sino a los gringos, europeos y rusos- saben que ese cuarto de conversión está lejos de poderse realizar. El presidente Azcona no tiene tanta versatilidad, que digamos, y más bien se ha caracterizado por ser un hombre de ideas fijas.

Pero, en el fondo, todo este planteamiento no es más que una faceta de la misma cosa. Quizá alguien se ha acercado a nuestros dos personajes prosoviéticos de ocasión para decirles que hablen así, para llenar un objetivo: que la administración Reagan tenga el argumento preferido para cercar al Congreso en su petición de más ayuda para los "Contras" y menos respaldo al Plan Arias.

Y el argumento es el siguiente: miren cómo Honduras se está desplazando a la órbita soviética, cómo Centroamérica se nos va de la mano a causa de la política del Partido Demócrata que se niega a seguir los consejos y peticiones de la Casa Blanca. Un viejo truco, que de repente tiene algún efecto, pero que no cambia la realidad de América Central.

Entonces, todo este protagonismo de opereta no lleva a ningún lado.

***Tiempo*/29 de abril de 1987**

FUNCIONARIO QUE NO SIRVE, ¡FUERA!

***Azcona tiene experiencia; tiene que pararse

El presidente del Consejo Hondureño de la Empresa Privada (COHEP), Jorge Gómez, anunció que junio y julio serán meses muy duros para la economía nacional e instó al presidente José Azcona a que separe y analice el rendimiento de sus más cercanos colaboradores, contra quienes dijo había que tomar medidas radicales.

Comentando el informe del presidente del Banco Central, Gonzalo Carías, de que el país es normal, Gómez dijo: "Ha habido épocas más duras. Desde el punto de vista con Centroamérica y otros países latinoamericanos, no estamos tan mal, pero sí existe una preocupación por la escasez de dólares, por la baja del precio del café y el retiro de la Rosario Resources Coporation".

"Esto tiene efectos negativos para la industria manufacturera porque no hay dólares para comprar materias primas en el extranjero", sostuvo.

"Pero hay signos de mejoramiento, agregó, pues la industria del banano está dispuesta a invertir más si se le dan las condiciones adecuadas y la industria de la exportación ha mejorado bastante y con las nuevas reformas legales que se piensan implementar puede que haya más captación de dólares; desde luego, esto dependerá de cómo el gobierno maneje estos factores".

"Pero si sólo hay enunciados y no hay actividad en los mandos intermedios de ejecución del gobierno, advirtió, de nada servirá que los mandos superiores tengan una visión clara de la situación económica de la nación".

"Si los que están abajo no entienden esas medidas, si se sigue con el tortuguismo, con una serie de obstrucciones al desarrollo económico, si se continúan creando nuevas disposiciones que obstaculicen el desarrollo o un reglamentalismo, esto tiene que ser negativo".

"Hay preocupación en el gobierno y tienen que tomarse medidas concretas, expresó. Hay que crear una disciplina administrativa seria y que el funcionario que no sirva que se saque y lo mismo debe hacerse con el que no actúe ni tenga capacidad y también que el factor político no incida en la parte económica".

"Pero deben tomarse medidas reales y radicales. El que no encaje dentro del sistema tiene que renunciar", manifestó.

Estos funcionarios, dijo Gómez, deben "ser honestos y decir que no entienden lo que están haciendo o que no quieren hacerlo".

El presidente Azcona, señaló, que "tiene que revisar definitivamente todos sus mandos para hacerle frente a una situación de difícil manejo, que aún no ha llegado a descomponerse, pero que si se deja pasar puede crear graves problemas y posiblemente ya no tenga remedio".

"Azcona tiene experiencia gerencial; tiene que pararse y ponerse a analizar cuál es en realidad el rendimiento de sus cuadros y tomar medidas adecuadas", recalcó.

La Tribuna / 29 de abril de 1987

Tavo Gómez:

DIPUTADOS LIBERALES LE QUITAN AUTORIDAD A AZCONA

"Al Partido Liberal y al gobierno del presidente Azcona se le está causando más grave daño desde el Congreso Nacional", afirmó el diputado olanchano Gustavo Gómez Santos al criticar la situación interna de su instituto político.

El ex sub-jefe de la bancada liberal indicó que el daño que se está haciendo al Partido Liberal y especialmente a sus organismos de dirección "es grave", ya que "nosotros hemos tenido que habilitar al Consejo Central ante la actitud asumida por algunos movimientos que han pretendido desconocer su autoridad".

Por otro lado, agregó, en el campo económico la situación del Central Ejecutivo es grave, ya que la mayor parte de los liberales que trabaja en dependencias del gobierno no cotizan para el partido, sino para sus respectivos movimientos políticos. Gómez Santos aseveró que esto además de restarle autoridad económica, le resta autoridad moral al Consejo Central Ejecutivo.

El diputado olanchano aseveró que lo peor es el daño que los mismos liberales le están causando al gobierno desde el Congreso Nacional, "para el caso, ilustró, si la corriente de Carlos Montoya anuncia que va a interpelar a algún funcionario o al ex presidente Roberto Suazo Córdova, los nacionalistas se aprovechan de eso para someter mociones para que se ejecute esa interpelación".

Para que esta moción sea aprobada, los nacionalistas se valen de los votos de diputados liberales montoyistas, floristas o maradiaguistas, "por eso es que sostengo que desde el Congreso, con algunas mociones que se aprueban, le quitamos autoridad al mismo presidente de la República y le causan enorme daño al Partido Liberal".

Gómez Santos criticó la actitud de indiferencia que ha adoptado la directiva del Congreso, especialmente su presidente, Carlos Montoya, quien ha empapelado una moción que presentó para que de los 8 millones aprobados en el presupuesto General de la Nación para distribuir subsidios, "se destinara una partida para la creación de plazas magisteriales que tanto se necesitan en las escuelas del país".

"Nosotros, subrayó, debemos apoyar al Partido Liberal y al gobierno del ingeniero Azcona, porque creo que en la medida en que él haga un buen gobierno en esa medida podemos asegurar el triunfo liberal en 1989".

La Tribuna/29 de abril de 1987

INCENTIVAR BANANERAS PIDE "SITRATERCO"

Los trabajadores de las compañías bananeras apoyan las peticiones de incentivos que han solicitado al gobierno las transnacionales, a cambio de incrementar sus inversiones en el cultivo del banano.

Luis Yanes, presidente del Sindicato de Trabajadores de la Tela Railroad Company (SITRATERCO), dijo ayer que las dos compañías bananeras enfrentan problemas.

"Tanto la Tela como la Standard quieren incrementar sus inversiones, pero si el gobierno les otorga algunos incentivos creemos que eso vendría a beneficiar al país, porque habrá nuevas oportunidades de empleo", afirmó.

El dirigente sindical indicó que los trabajadores esperan que el gobierno apruebe esos incentivos "porque los precios del banano están mejorando y al aumentar la producción el país recibirá más divisas".

Los dirigentes del SITRATERCO SE REUNIERON CON EL PRESIDENTE José Azcona para analizar el aval que les otorgará el gobierno a fin de que un grupo de trabajadores de la Tela adquiera una finca de palma africana.

Yanes manifestó que el gobierno está en disposición de concederles un aval por la cantidad de dos millones de lempiras para la compra y mejoramiento de la finca de palma africana y que el préstamo lo recibirán a través del Banco Nacional de Desarrollo Agrícola (BANADESA).

Por otro lado, anunció que durante las celebraciones del Día Internacional del Trabajo que se llevarán a cabo mañana en Tela, Atlántida, el SITRATERCO demandará al gobierno revise el salario mínimo "ya que miles de trabajadores atraviesan por una enorme crisis económica".

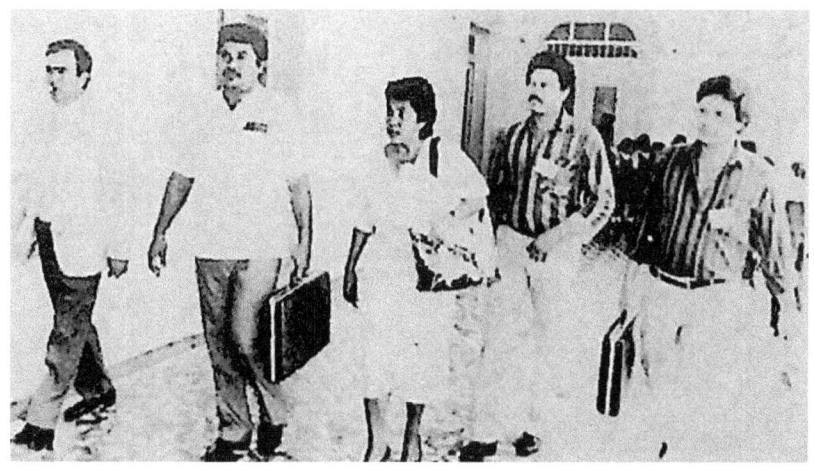

La dirigencia del SITRATERCO sale del despacho del presidente José Azcona. *(Foto de Aquiles Andino).*

La Tribuna/30 de abril de 1987

EMPRESARIOS INFORMAN A AZCONA SOBRE "LA ROSARIO"

TEGUCIGALPA. - El presidente de la Cámara de Comercio e Industrias de Cortés, Felipe Argüello Carazo, reveló que mientras el precio de los metales se mantenga reducido en los mercados internacionales será difícil que inversionistas extranjeros se interesen por comprar el mineral El Mochito que recientemente dejó de explotar la Rosario Resources Corporation.

Reafirmó que el retiro de la transnacional es cosa juzgada y que por lo tanto el gobierno deberá emprender las acciones necesarias para determinar la suerte del mineral.

Argüello Carazo indicó que la situación es delicada porque la administración del presidente José Azcona Hoyo tiene señalados recursos para tener la mina durante dos meses.

El presidente de la CCIC explicó que para evitar que la mina se inunde tiene que mantenerse el bombeo de agua lo que obliga a una inversión de miles de lempiras mensuales.

En relación a una potencial adquisición de El Mochito por parte de empresarios nacionales señaló que "prácticamente imposible" aunque admitió la posibilidad de la compra en forma combinada con capital extranjero.

Subrayó que el mineral en la actualidad no es rentable por el precio de los metales en el exterior, extremo que dificultará que grupos o personas se interesen en la misma.

Los delegados de la CCIC se reunieron con Azcona Hoyo para informarle sobre las gestiones que realizaron en los Estados Unidos donde se entrevistaron con ejecutivos de la Amax para tratar que la Rosario no cerrara sus operaciones en Honduras.

Sin embargo, la gestión no tuvo resultado positivo porque la transnacional estaba determinada a retirarse del país argumentando que la explotación de la mina ya no era negocio.

El presidente Azcona Hoyo se reunió ayer al medio día con los principales dirigentes de la Cámara de Comercio de Cortés. *(Foto Aulberto Salinas).*

La Prensa/29 de abril de 1987

BUENAS NOTICIAS PARA EL MAL DE MUCHOS

A juzgar por las declaraciones de las autoridades económicas del país y de los portavoces del sector empresarial, los problemas de la economía hondureña no son tan graves y, por lo tanto, pocas razones hay para alarmarse.

El presidente del Consejo Hondureño de la Empresa Privada, doctor Jorge Gómez Andino, dice que andamos bien en comparación con otros países de Centroamérica y de América del Sur. No da más explicaciones para saber la base de esta impresionante afirmación, pero queda en el subconsciente aquello de "mal de muchos, consuelo de bobos".

Sin embargo, el dirigente empresarial no deja de dar un ligero lamento: "hay preocupación en la empresa privada por la escasez de dólares y por las pérdidas que ocasionará el retiro de la Rosario Resources Corporation y la baja del café. Pero eso es una minucia. Si se menciona es porque, para no aparecer excesivamente jubiloso, siempre hay que balancear con un poquito de tono negativo. Es como esos cocteles a los que se les añade unas gotas de amargo de Angostura.

El presidente del Banco Central de Honduras, por su parte, ha hablado recientemente con el señor presidente de la República, ingeniero José Simón Azcona del Hoyo, y al salir de la entrevista ha pontificado: "la situación (económica) no es tan dura como parece ser".

Afortunadamente, en este caso, las apariencias son malas y la realidad buena. Porque en Honduras frecuentemente es a la inversa. Ya sabíamos que por ahí andaba la cosa, porque algo más o menos así - con cifras estadísticas y argumentaciones económicas- fue lo que el señor Presidente les aseguró a los altos oficiales de las Fuerzas Armadas de Honduras, reunidos en Consejo Superior de la institución castrense.

"Habemus argentum", diríamos como latinajo, para calificar la situación económica de nuestro país. Tenemos plata. Y, con el viejo proverbio a la mano, pues las penas con pan son menos.

Incluso, las reservas monetarias - las dividas- están allí, mejor que en diciembre, no obstante que se le ha pagado al Fondo Monetario Internacional (FMI) 20 millones de dólares. El precio de la plata está subiendo, aunque El Mochito está cerrado, y así por el estilo.

El café se ha vendido porque estamos sin regulación de la cuota, y la mayoría de los impuestos ya se cobró, principalmente el Impuesto Sobre la Renta que es el que más cuenta. Así es que la nube ya recogió en estos primeros meses, y después sólo será llover y llover porque no hay más que recaudar.

También - y esto lo dijo el asesor económico Carlos Falck- se ha hecho una labor extraordinaria para recortar el déficit fiscal, de más de 650 millones de lempiras, de los cuales 254 son totalmente al descubierto, o sea que no hay manera de cubrirlos.

Se dice que la exigencia es que se haga un recorte efectivo de 150 millones de lempiras, y ya dijo el abogado Falck que se han disminuido 100 millones, los restantes 50 millones se conseguirán con el Impuesto Sobre Ventas, porque el gobierno entiendo que aumentarán las exportaciones y las importaciones para producir artículos de consumo, y todo es miel sobre hojuelas.

Los pesimistas, que abundan en estos tiempos, nunca creerían eso del aumento de las ventas. Pero es que no conocen las interioridades de la economía y, por lo tanto, hablan sin conocimiento de causa.

Por otra parte, el director de AID, señor John Sambrailo, ya dijo que en este año los Estados Unidos proporcionarán a Honduras 135 millones de dólares. Esto indica que ya no hay condiciones para los desembolsos de la AID, sobre todo aquél del recorte presupuestario.

También, tienen que tragarse sus palabras los que proclaman que los Estados Unidos son un aliado inseguro y mediocre.

Y como se atrancó en el Congreso de los Estados Unidos lo de la compra de los aviones F5E que son indispensables para salvar a Honduras de la amenaza comunista, no obstante que, al parecer, vamos a mejorar nuestras relaciones con el bloque socialista, entonces tampoco hay problema, puesto que hay plata.

PRESIDENTE AZCONA DENUNCIA PRESIONES PARA DEVALUAR EL LEMPIRA Y AUMENTAR IMPUESTOS

- *Culpa a los organismos internacionales de financiamiento que "obligaron" a gobiernos anteriores a aceptar préstamos para ser malversados.*
- *Pero recomienda que no se busquen "chivos expiatorios".*

SAN PEDRO SULA. - El presidente José Azcona denunció la noche del martes anterior aquí que su gobierno ha tenido presiones en los últimos días de parte de los organismos internacionales de financiamiento para "aumentar impuestos, incrementar las tarifas en los servicios e insinuaciones para devaluar la moneda nacional. Tal afirmación la hizo en su discurso pronunciado en el marco de la celebración del trigésimo aniversario de fundación de la Federación Sindical de Trabajadores Nacionales de Honduras (FESITRANH), cuyos actos tuvieron lugar en el Centro Cívico de la colonia que lleva el nombre de esa organización obrera.

Azcona afirmó que ante esas pretensiones de los organismos internacionales de financiamiento "hemos puesto tres condiciones en las negociaciones: Ni más impuestos, ni devaluación del Lempira, ni aumento de tarifas por servicios".

No obstante, apuntó que a cambio de eso "nos hemos comprometido que vamos a reducir nuestros gastos corrientes en el gobierno en cien millones de lempiras, pero para eso yo necesito el apoyo de todos los sectores. Que no haya evasores del impuesto sobre la renta".

Censuró la actitud de aquellos funcionarios públicos que niegan la cuantía de sus ingresos anuales y que centran sus dividendos para "representar pérdidas y no pagar el Impuesto sobre la Renta".

Afirmó que ha dado instrucciones precisas a la Dirección de Tributación Directa para que "cualquier funcionario del gobierno que refleje pérdidas en sus declaraciones y tenga créditos al Impuesto sobre la Renta, se le nieguen esos créditos, porque ello va en contra del pueblo hondureño".

El mandatario prometió aplicar la ley al que no haga su declaración del Impuesto sobre la Renta dentro de los días que restan de este mes.

Anunció que "vamos a tomar otras medidas para aumentar la percepción de esos impuestos porque no es posible que se vayan a quedar quince mil ciudadanos sin tributar de la pequeña minoría que lo hace anualmente.

No obstante, Azcona se mostró satisfecho en el sentido de que algunas de las medidas que se han tomado y se están tomando para que la ciudadanía acuda a pagar sus impuestos "han dado algunos resultados positivos porque hasta el 31 de marzo de este año se había percibido 20 millones más de lempiras en comparación con lo recaudado al año pasado en el mismo lapso de tiempo"

El gobernante dijo que estamos haciendo grandes esfuerzos para "no imponerle más sacrificios al pueblo hondureño y salir adelante con nuestra economía".

Según el gobernante, para el próximo año habrá un panorama económico mucho más claro y "Honduras va a seguir transitando por la mejoría económica, lo cual va a servir para afianzar la democracia porque con crisis económica es muy difícil sostener esa democracia".

CULPABLES DE LA CORRUPCIÓN

Al hablar en relación con el despilfarro de cientos de millones de dólares en préstamos, Azcona culpó no solamente a los anteriores gobernantes de Honduras, sino que también a los organismos internacionales de financiamiento.

Destacó que muchas veces esos organismos internacionales de financiamiento entregaban los préstamos "obligando a los gobiernos de Honduras a aceptarlos para ser malversados, como es el caso de la Corporación Forestal Industrial de Olancho (CORFINO)".

Empero expresó que no se trata de ponernos a llorar ni andar buscando chivos expiatorios. Hay que enfrentar la situación como hombres, con realidad y teniendo fe en Honduras, tal como la tiene el presidente. Estamos haciendo grandes esfuerzos para sacar adelante a este país".

Por otra parte, en su alocución el primer magistrado de la nación exhortó al movimiento sindical hondureño a seguir luchando para afianzar la democracia y conservar las libertades ciudadanas.

Finalmente, tras afirmar que "se nos ha acrecentado la admiración por el movimiento sindical", aseveró que "las puertas de la casa de gobierno están abiertas para todos los sectores sociales: empresarios, obreros, campesinos, profesionales, y pobladores".

Azcona dijo ante la asamblea de la FESITRANH, dijo que se están haciendo grandes esfuerzos para "no imponerle más sacrificios al pueblo". *(Foto Félix Santos).*

El Heraldo/30 de abril de 1987

COHDEFOR ESTAFA A CAMPESINOS, SE QUEJAN ANTE EL PRESIDENTE

TEGUCIGALPA. - La Corporación Hondureña de Desarrollo Forestal (COHDEFOR) no quiere pagar ni un lempira a los campesinos por los árboles que vende a los aserraderos, se quejaron ayer representantes de patronatos de cinco aldeas de Catacamas, Olancho, que se reunieron con el presidente José Azcona Hoyo.

El representante de uno de los patronatos, Armando Gómez, dijo que al presidente Azcona le solicitaron la construcción de una carretera entre el desvío de Río Blanco y Poncaya, un motor para el alumbrado eléctrico y la construcción de una represa para la distribución de agua.

Gómez expresó que los campesinos no están siendo beneficiados con la explotación de los bosques por parte de COHDEFOR y los aserraderos, y que continúan en la misma situación de miseria.

Aseguró que el gerente de la COHDEFOR, José Segovia, se opone a que los campesinos perciban siquiera un lempira por cada árbol que cortan los aserraderos, "yo creo que COHDEFOR lo que está haciendo es estafándonos, porque no está cumpliendo con sus funciones", señaló.

Indicó que la COHDEFOR no ha hecho nada en esas comunidades por proteger los bosques, "pero ahora que mira que están muy buenos los bosques, se ha arrimado, porque ve que puede hacer dinero con algunos aserraderos, y lo que está haciendo es creándole problemas a las comunidades".

Armando Gómez manifestó que los empleados de COHDEFOR, en vez de dedicarse a proteger los bosques, "se llevan en sus oficinas vestidos de corbata y jugando naipe, por eso nosotros sostenemos que COHDEFOR no le está rindiendo al gobierno porque no cumple con sus funciones en beneficio del país". (TDG)

Tiempo/30 de abril de 1987

AZCONA: NO SON DÁDIVAS LOGROS DEL OBRERISMO

El presidente José Azcona y el jefe de las Fuerzas Armadas de Honduras, Humberto Regalado, estuvieron la noche del martes en la celebración del XXX Aniversario de la Federación de Sindicatos de Trabajadores Nacionales de Honduras (FESITRANH), en San Pedro Sula.

En el evento el Comité Ejecutivo de la Federación rindió tributo a viejos luchadores del sindicalismo.

Azcona, en su intervención, dijo que no son favoritismos las conquistas de los trabajadores sino el producto de un esfuerzo inclaudicable por establecer en el país un sistema de justicia social.

Sin embargo, el presidente señaló que sólo en un ambiente de libertad, de armonía social y de cooperación con los otros sectores de la producción es que se puede producir, trabajar, vivir en paz y ser usufructuario permanente de la dignidad y la vida decorosa.

Al expresar que fuerzas políticas coadyuvaron al desarrollo del sindicalismo, especialmente en el mandato del presidente Ramón Villeda Morales, Azcona señaló "que la reivindicación socioeconómica del sector obrero es un punto doctrinario del liberalismo, sin el cual los liberales no podríamos justificarnos en la historia y en la actualidad".

Según el presidente, su gobierno es sensible a los dos sectores laborales más importantes: el obrerismo y el campesinado, "reconociendo en ellos que han jugado un papel trascendental en la tarea de darle consistencia, permanencia y estabilidad al proceso democrático y social del país".

Autoridades civiles y militares acompañaron al presidente de la República, José Azcona Hoyo, en las celebraciones del XXX Aniversario de Fundación de la FESITRANH. *(Foto Fernando Rivera).*

La Tribuna/30 de abril de 1987

AZCONA: REDUCIREMOS LOS GASTOS EN 100 MILLONES

El presidente José Azcona Hoyo, se comprometió ante la Federación de Sindicatos de Trabajadores de Honduras (FESITRANH), a que un funcionario gubernamental pagaría todos sus tributos al Estado, por lo que ordenó que se les contaran hasta las costillas, a fin de que no fueran defraudadores del fisco nacional.

"He dado instrucciones para que cualquier funcionario que refleje pérdidas en sus declaraciones y pida crédito sobre su Impuesto Sobre la Renta le sea denegado, porque esto va en contra de los intereses del pueblo", manifestó.

Para esto se necesita el apoyo de todos los sectores, expresó, para que no hayan más evasores de los impuestos. Que los profesionales que trabajan en el gobierno no destinen el sueldo con actividades colaterales de negocios, mezclando sus ingresos para reflejar pérdidas y no pagar sus tributos correspondientes.

Ante las presiones externas, dijo, "hemos puesto tres condiciones en las negociaciones: ni más impuestos, ni devaluación, ni aumento de tarifas en los servicios, pero a cambio nos hemos comprometido a que vamos a reducir nuestros gastos corrientes del gobierno en 100 millones de lempiras".

Manifestó que se tomarán otras medidas para salir adelante. "Pero la realidad es que se están haciendo grandes esfuerzos para no poner más cargas tributarias al pueblo y salir adelante con

171

nuestra economía, pero sobre todo esto servirá para afianzar la democracia, porque con crisis económica es muy difícil mantenerla", expresó.

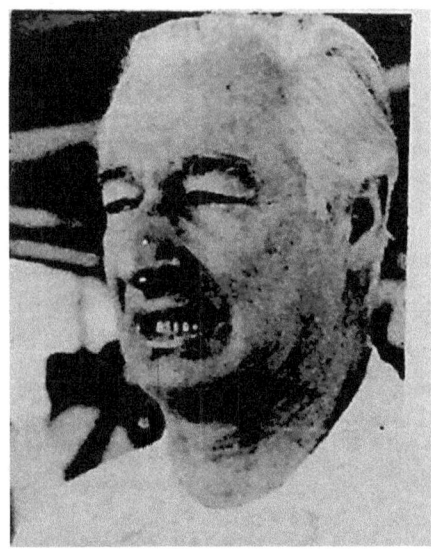

JOSE AZCONA HOYO

*La Tribuna/*30 de abril de 1987

DE NUESTRA TEGUCIGALPA

En lo que va del año el pintor Miguel Ángel Ruíz y la pianista Orfilia Coello Ramos han sido artistas privilegiados que han contado con la presencia del Sr. Presidente Azcona en la exposición pictórica y el concierto respectivamente. Aquí lo vemos en BANCATLAN en compañía del Señor Canciller y la señora de López Contreras, Ruíz Matute, el Presidente y la Primera Dama...el Dr. Paul Vinelli y su esposa doña María, el Lic. Guillermo Bueso y su rubia esposa.

La Tribuna/30 de abril de 1987

GOBIERNO MEJORARÁ CARRETERA A COMUNIDAD FORESTAL DE OLANCHO

Aserradero Catacamas podría reanudar labores

Dirigentes comunales de la zona de Poncaya, municipio de Catacamas, Olancho, se reunieron ayer con el presidente José Azcona para solicitarle la reconstrucción de una carretera y plantearle que se les deje algún beneficio por la explotación de los bosques en ese lugar.

Armando Gómez, directivo de uno de los patronatos, dijo que la Corporación Hondureña de Desarrollo Forestal (COHDEFOR) "jamás ha invertido un tan solo lempira de los miles que ha recibido por el corte del bosque en la zona de Poncaya".

Indicó que la carretera que tienen desde el Río Blanco hasta las aldeas del Suyatal, La Cruz, Azúcar, Las Marías y otras fue construida por el ahora diputado Manuel Zelaya Rosales, propietario del Aserradero Catacamas, cerrado hace dos meses.

"El diputado Zelaya hizo esa carretera para sacar madera, pero el gobierno nunca le ha dado mantenimiento y nosotros queremos que la vía sea balastreada, cuneteada y que se le construyan puentes, porque en invierno quedamos totalmente aislados", explicó.

Los patronatos que se entrevistaron con el mandatario tomaron la decisión de no permitir el corte de madera en esa zona mientras el gobierno no se comprometa a mejorarles la carretera, afectando con esa posición al aserradero "Catacamas" que se encuentra cerrado desde hace dos meses.

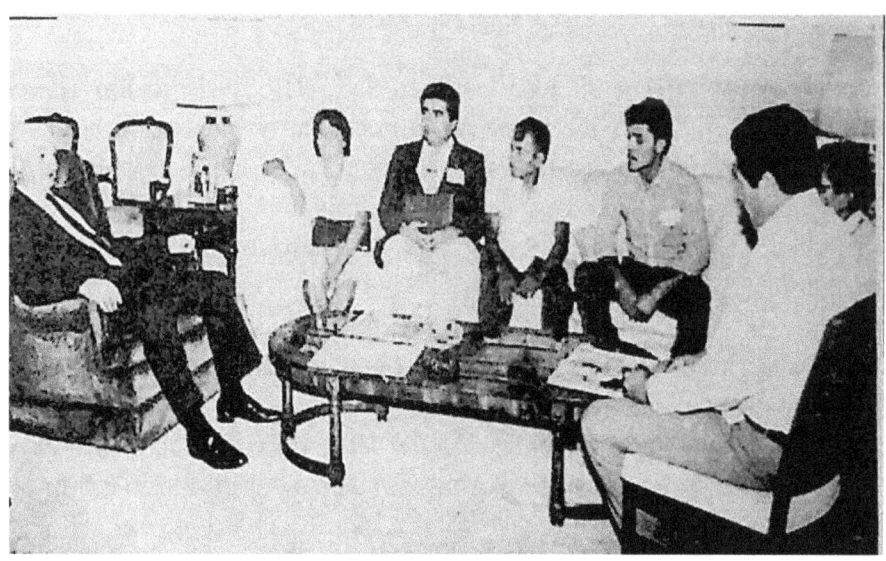

El presidente José Azcona escucha las demandas de los dirigentes comunales, acompañados por el director ejecutivo de la Asociación de Madereros de Honduras (AMADHO). *(Foto de Aquiles Andino).*

"Nosotros estamos conscientes que no es a los aserraderos que les corresponde construirnos la carretera, sino que al gobierno", expresó, tras reconocer que muchos campesinos que trabajan en el Aserradero Catacamas han resultado perjudicados al cerrarse su único medio de ingresos.

Recordó que los ejecutivos de una nueva empresa forestal fueron a pedirles apoyo bajo la promesa de que ellos les construirán la carretera, "pero nos hemos dado cuenta que no cumplirán su promesa y por eso hemos recurrido al gobierno para que nos haga la vía".

Después de escuchar la petición de los dirigentes comunales, el gobernante los envió donde el ministro de Comunicaciones, Obras Públicas y Transporte, Juan Fernando López, para que de inmediato atienda su solicitud.

Al comenzar los trabajos de construcción de la carretera Río Blanco-Poncaya, las operaciones del Aserradero Catacamas podrían reanudarse, pues los habitantes de la zona ya no se opondrán a que continúe el corte de madera.

La Tribuna/30 de abril de 1987

SITRATERCO RENUNCIA A AVAL POR DOS MILLONES

TEGUCIGALPA. - La comisión del Sindicato de Trabajadores de la Tela Railroad Company (SITRATERCO), que se entrevistó ayer con el presidente Azcona le informó de la suspensión del aval solicitado al gobierno por dos millones para compras de fincas y que ya no necesitan.

Así los confirmó el presidente del SITRATERCO, Luis Yánez, quien indicó que el aval del gobierno lo necesitaban para trabajar en forma autogestionada una finca de palma africana a solicitud de los obreros, préstamo a punto de firmarse con la transnacional bananera y el Banco de los Trabajadores.

El proyecto de palma africana localizado en San Alejo, jurisdicción de Tela, y a un costo de 2 millones de lempiras indicó Yánez, que no lo necesitan y plantearon en cambio al presidente, la necesidad de crear institutos polivalentes por la carencia de mano de obra calificada en todo el país.

Dijo estar de acuerdo en la otorgación de incentivos por parte del gobierno a la Tela Railroad Company, dada la situación de crisis económica de la empresa, lo que ayuda a la estabilidad laboral de los trabajadores.

El aumento del precio del banano en el mercado mundial favorece al país porque eleva la tasa de exportación en favor de las entradas al fisco nacional y ayuda a resolver los problemas económicos, expresó.

Aseguró Yánez que, en la concentración del 1 de mayo en Tela, tanto el SITRATERCO como FESITRANH plantearon la necesidad al gobierno de revisar el salario mínimo para equipararlo con la inflación existente en el país.

"Solicitaremos un control de precios en los productos de consumo popular porque las contrataciones de trabajo son un mito en la nación y el bolsillo del pueblo no está para soportar más aumentos", concluyó.

Miembros del Sindicato de Trabajadores de la Tela Railroad Company (SITRATERCO), que visitaron al Presidente de la República en busca de subsidios para proyectos que van a ejecutar. *(Foto Aulberto Salinas).*

La Prensa / 30 de abril de 1987

ANOMALÍAS DE COHDEFOR EN OLANCHO PLANTEAN A AZCONA

Dirigentes patronales de la zona del Río Patuca, en el vasto departamento de Olancho, acusaron ayer en la propia Casa Presidencial a la Corporación Hondureña de Desarrollo Forestal (COHDEFOR) de ser un organismo que no sirve para nada y que no está cumpliendo con su deber con el gobierno.

Los leales al diputado José Manuel Zelaya, quien en los últimos días ha tenido diferencias con COHDEFOR, dijeron además que hasta ahora que ven que allí pueden hacer dinero es que se han interesado las autoridades de dicha institución.

Los presidentes de los patronatos que ayer se entrevistaron con el mandatario José Azcona Hoyo y que fueron llevados por algunos incondicionales de Zelaya, son las aldeas siguientes: La Cruz, Suyatal, Azúcar, Las Marías del Cacao y Miras del Hombre.

El objetivo de la reunión con el mandatario de los campesinos, según dijo Armando Gómez de la aldea de La Cruz, fue para presentarle una serie de solicitudes de problemas que tienen que resolver, entre ellos la reparación de varios tramos carreteros.

En COHDEFOR, dijo, sólo "trabajan gente con corbata y además sólo se llevan jugando naipe. Yo tengo un hermano trabajando allí y siempre que llego no está haciendo nada".

Según Gómez, lo que en la actualidad está haciendo la COHDEFOR es creándole problemas a las comunidades de la zona del Patuca.

El presidente Azcona Hoyo ofreció a los presidentes de los patronatos repararles los tramos carreteros de esas comunidades y para ello dio ayer mismo las instrucciones a SECOPT.

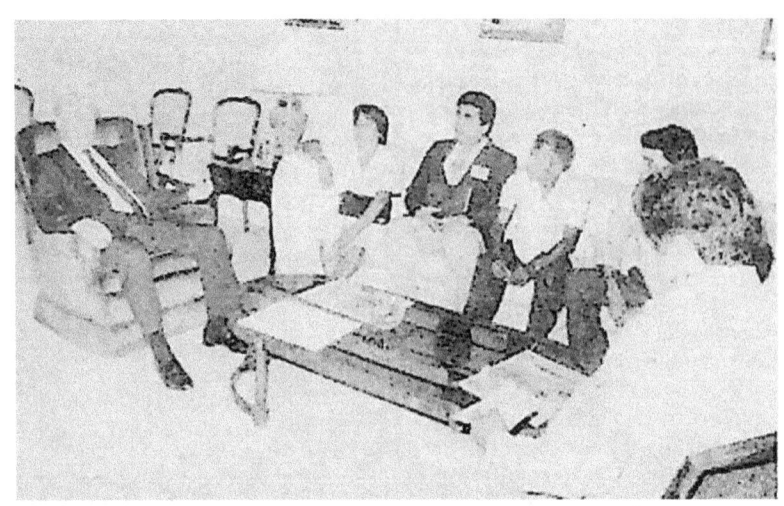

Delegados de varias aldeas del sector del río Patuca recibieron la promesa del Presidente de que se les repararán varios tramos carreteros en mal estado. *(Foto Salgado).*

El Heraldo/30 de abril de 1987

SITRATERCO YA NO QUIERE AVAL DEL PRESIDENTE

TEGUCIGALPA. - Los directivos del Sindicato de Trabajadores de la Tela Railroad Company (SITRATERCO) pidieron ayer al presidente José Azcona Hoyo que suspenda el aval de más de 2 millones de lempiras que había ofrecido a esa organización sindical para la compra de una finca de palma africana.

El presidente de SITRATERCO, Luis Yánez, dijo que la finca, ubicada en San Alejo, Tela, será adquirida mediante una negociación directa con la Tela Railroad Company y un financiamiento del Banco de los Trabajadores, y que la misma será para beneficio de los trabajadores afiliados a esa organización sindical.

Los dirigentes del SITRATERCO plantearon también al presidente Azcona la necesidad de revisar el salario mínimo de los trabajadores, pero que al mismo tiempo se impongan mecanismos para el control de precios de los artículos de primera necesidad.

En cuanto al anuncio de que los precios del banano han bajado en el mercado de los Estados Unidos, Luis Yánez manifestó que no es cierto, "los últimos datos que tenemos de la Unión de Países Exportadores de Banano (UPEB) es que más bien han subido tanto en los Estados Unidos como en Europa", agregó.

Señaló que con la subida de los precios, Honduras podría aumentar sus exportaciones a unos 40 millones de cajas de banano al año, lo que vendría a mejorar la situación económica del país y habrían más oportunidades de trabajo. (TDG).

Tiempo/30 de abril de 1987

EL "PLAN ARIAS": OTRO INTENTO PARA ENCONTRAR LA PAZ EN CENTRO AMÉRICA

*Nicaragua y Estados Unidos muestran mucha reserva
*El Salvador y Honduras lo encuentran "deficiente"

Los gobiernos centroamericanos, a excepción de Nicaragua, ya han confirmado su asistencia a la reunión de cancilleres que se realizará en el puerto de Tela, al norte del país, el próximo 11 de junio. En la cita deben ser ajustadas las divergencias sobre la nueva propuesta que ha sido lanzada a favor de Centroamérica: el "Plan Arias", de lo contrario el documento de paz de San José deberá sumarse a otros esfuerzos que en vano se han hecho en busca de la pacificación del área.

El tema ocupó mucho espacio en los medios de comunicación locales y centroamericanos durante esta semana, por cuanto sorprendentemente se supo que los cancilleres de cuatro países habían tenido una reunión previa en Guatemala. Nicaragua no fue invitada y su gobierno exteriorizó su disgusto.

Fue en esta última cita donde se decidió que la próxima cumbre tendría lugar en Honduras. "El gobierno hondureño se ofreció y eso muestra su apoyo hacia nuestra propuesta", dijo a LA TRIBUNA el embajador de Costa Rica en Tegucigalpa, Maximiliano Oreamuno. El diplomático expresó que también la administración de Reagan ha informado a su gobierno que respalda la propuesta, mientras que Nicaragua la estudia.

A pesar del optimismo del embajador Oreamuno, ya por lo menos Honduras y El Salvador han hecho saber que la propuesta adolece de ciertas "deficiencias". Para Honduras le falta definición para establecer sistemas de verificación y control, además de no tomar en cuenta la oposición interna de los países en conflicto.

Precisamente el presidente José Azcona Hoyo, en entrevista publicada por el diario argentino "La Nación", expresó escepticismo sobre los resultados de las consultas sobre la propuesta, y además recomendó que se consultase la opinión de los "contras" respecto a la solución de la crisis regional.

Por su parte, El Salvador ha dicho que el "Plan Arias" carece de planteamientos diferentes a los expresados por el Grupo de Contadora ha anunciado que tiene un "plan político complejo" que contempla simultaneidad, multilateralidad, verificación, control y un cronograma. Guatemala, por su parte, ha aceptado el plan para su discusión y como un proyecto que "de ser impulsado debidamente". Nicaragua y Estados Unidos ya han expresado serias reservas.

El embajador Oreamuno indicó que, de cualquier forma, "es una propuesta que está sujeta a enmiendas". Pero estos cambios, según el embajador, no pueden ser profundos porque desvirtuarían los objetivos del presidente Arias.

Señaló que los Cancilleres centroamericanos intentarán en Tela pulir la iniciativa para que sea firmada por los cinco presidentes en la nueva cumbre convocada para el 25 y 26 de junio en la ciudad guatemalteca de Esquipulas.

El plan de paz de diez puntos, que publicamos en esta edición, incluye un alto al fuego en países con conflictos internos, cese de la ayuda estadounidense a la "contra", diálogo con la oposición política y elecciones libres.

LOS DIEZ PUNTOS

Procedimiento para establecer la paz firme y duradera en Centroamérica.

Los Gobiernos de los cinco Estados de Centroamérica se comprometen a seguir el procedimiento que aquí se consiga, para alcanzar los objetivos y desarrollar los principios establecidos en la "Carta de las Naciones Unidas", la "Carta de la Organización de los Estados Americanos.

Gobiernos de los Estados centroamericanos, en aquellos de estos países en donde existan luchas armadas deberá decretarse una amnistía general para los delitos políticos y conexos. Los respectivos decretos de amnistía deberán establecer todas las disposiciones que garanticen la inviolabilidad de la vida, la libertad en todas sus formas, los bienes materiales y la seguridad de las personas.

Asimismo, esos decretos crearán, en cada uno de dichos Estados, una Comisión Nacional de Reconciliación y Diálogo, integrada por representantes del Gobierno, de la oposición política interna, de la Iglesia Católica y de la Comisión Interamericana de Derechos Humanos, que tendrá las funciones de atestiguar la vigencia real del proceso de reconciliación nacional.

En un plazo que no excederá de 6 meses después de la firma de este documento, el decreto de amnistía deberá estar plenamente cumplido en todos sus extremos, de manera real y eficaz, a juicio de la citada Comisión.

1. Diálogo

Los Gobiernos de los Estados de América Central que padecen luchas armadas deberán iniciar, o robustecer, en su caso, a partir de la firma de este documento, un diálogo amplio con todos los grupos desarmados de oposición política interna, como medio de fortalecimiento cívico y de "promover acciones de reconciliación nacional en aquellos casos donde se han producido profundas divisiones dentro de la sociedad, que permitan la participación, de acuerdo con la ley, en los procesos de carácter democrático" (Documento de objetivos).

2. Cese del fuego

Simultáneamente con el inicio del diálogo, las partes beligerantes de cada país suspenderán las acciones militares.

3. Democratización

A partir de la firma de este documento, deberá iniciarse un "auténtico proceso democrático pluralista y participativo que implique la promoción de la justicia social, el respeto a los Derecho Humanos, la soberanía de la integridad territorial de los Estados y el derecho de todas las naciones a determinar libremente y sin injerencias externas de ninguna clase, su modelo económico, político y social" (Declaración de Esquipulas), y comenzarán a adoptarse de manera verificable, "las medidas conducentes al establecimiento y, en su caso, al perfeccionamiento de sistemas democráticos, representativos y pluralistas que garanticen la efectiva participación popular en la toma de decisiones y aseguren el libre acceso de las diversas corrientes de opinión a procesos electorales honestos y periódicos, fundados en la plena observancia de los derechos ciudadanos" (Documento de objetivos). Para efectos de verificar la buena fe en el desarrollo de este proceso de democratización", se entenderá que:

a) A los 60 días, contados a partir de la firma de este documento, deberá existir completa libertad para la televisión, la radio y la prensa. Esta completa libertad comprenderá la de abrir y mantener en funcionamiento medios de comunicación para todos los grupos ideológicos, sin excepción de ninguna naturaleza, y para operar esos medios sin sujeción a censura previa.

b) En el mismo plazo, deberá manifestarse el pluralismo político partidista total. Las agrupaciones políticas tendrán, en ese aspecto, amplio acceso a los medios de comunicación, pleno disfrute de los derechos de asociación y de las facultades de realizar manifestaciones públicas, así como el ejercicio irrestricto de la publicidad oral, escrita y televisiva para difundir sus ideales.

4. Elecciones libres

Creadas las condiciones inherentes a toda democracia, deberán celebrarse elecciones libres, pluralistas y honestas.

La primera expresión conjunta de los Estados centroamericanos, de encontrar la reconciliación y la paz duradera para sus pueblos, ha de ser la celebración de elecciones para la integración del Parlamento Centroamericano, cuya creación se propuso mediante la "Declaración de Esquipulas", del 25 de mayo de 1986.

Estas elecciones se realizarán simultáneamente en todos los países de América Central en el primer semestre de 1988, en la fecha que oportunamente convendrán los Presidentes de los Estados centroamericanos.

Estarán sujetas a la vigilancia de la Organización de los Estados Americanos para garantizar ante el mundo entero la honestidad del proceso, que se regirá por las más estrictas normas de igualdad de acceso de todos los partidos políticos a los medios de comunicación social, así como por amplias facilidades para que realicen manifestaciones públicas y todo otro tipo de propagandas proselitista.

Luego de efectuadas las elecciones para integrar el Parlamento Centroamericano, deberán realizarse, en cada país, con iguales garantías y vigilancia internacionales, dentro de los plazos establecidos en las respectivas Constituciones Políticas, elecciones igualmente libres y democráticas para el nombramiento de representantes populares en los municipios, el parlamento y Presidencia de la República.

5. Suspensión de la ayuda militar

Simultáneamente con la suscripción de este documento, los Gobiernos de los cinco Estados centroamericanos les solicitarán a los gobiernos extrarregionales que, abierta o veladamente, proporcionan ayuda militar a los insurgentes o fuerzas irregulares, que suspendan esa ayuda.

6. Reducción del armamento.

En el plazo de 60 días, contados a partir de la firma de este documento, los Gobiernos de los cinco Estados centroamericanos iniciarán "negociaciones sobre control y reducción del inventario actual de armamentos y sobre el número de efectivos en armas" (Documento de objetivos). Para ellos, los cinco Gobiernos aceptan el procedimiento contenido en la "Propuesta conjunta de Costa Rica y Guatemala", presentada en las deliberaciones del Grupo de Contadora.

Estas negociaciones abarcarán, también, medidas para el desarme de las fuerzas irregulares que actúen en la región.

8. Supervisión nacional e internacional

a) Comité de Seguimiento

Dentro del plazo de 30 días, a partir de la firma de este documento, deberá quedar instalado un Comité de Seguimiento, integrado por el Secretario General de las Naciones Unidas, el Secretario

General de la Organización de los Estados Americanos, los Cancilleres del Grupo de Contadora y los Cancilleres del Grupo de Apoyo. Este Comité tendrá las funciones de supervisión y verificación del cumplimiento de los compromisos contenidos en este documento. Sus funciones de seguimiento se aplicarán aún en aquellos casos en que se establecen otros órganos de vigilancia y cumplimiento.

b) Respaldo y facilidades a los organismos de supervisión

Con el objetivo de fortalecer la gestión del Comité de Seguimiento, los Gobiernos de los cinco Estados centroamericanos emitirán declaraciones de respaldo a su labor. A estas declaraciones podrán adherirse todas las naciones interesadas en promover la causa de la libertad, la democracia y la paz en Centroamérica.

Los cinco Gobiernos brindarán todas las facilidades necesarias para el cabal cumplimiento de las labores e investigaciones a cargo de la Comisión Nacional de Reconciliación y Diálogo de cada país y del Comité de Seguimiento.

9. Evaluación de los progresos hacia la paz.

En la fecha que oportunamente convendrán, pero en todo caso dentro de los 6 meses posteriores a la suscripción de este documento, los Presidentes de los Cinco Estados Centroamericanos se reunirán en Esquipulas, Guatemala, con el propósito de evaluar los avances de los compromisos aquí adquiridos.

10. Democracia y libertad para la paz y paz para el desarrollo

En el clima de libertad que garantiza la democracia, los países de América Central adoptarán los acuerdos económicos y culturales que permitan acelerar el desarrollo, para alcanzar sociedades más igualitarias y libres de la miseria.

Los puntos comprendidos en este documento forman un todo armónico e indivisible. Su firma entraña la obligación, aceptada de buena fe, de cumplir, dentro de los plazos establecidos, todos los puntos de este "Procedimiento para establecer la paz firme y duradera en Centroamérica". Este documento rige a partir de la fecha en que sea firmado por los Presidentes de los Gobiernos de los cinco Estados de América Central.

Oscar Arias Sánchez
Presidente
República de Costa Rica

Vinicio Cerezo Arévalo
Presidente
República de Guatemala

La Tribuna/2 de mayo de 1987

Opinión Editorial
¿AL BORDE DEL COLAPSO?

Las últimas administraciones -sobre todo las de facto- recibieron ayuda exterior casi en forma incontenible. El grifo estuvo abierto en aquellas épocas. Se pudo haber realizado una obra material y cultural extraordinaria. Sin embargo, debemos reconocerlo, los logros alcanzados con la acelerada danza de los millones, son muy pobres, casi inexistentes.

Sólo es asunto de hacer un recuento de las obras realizadas para llegar a la obligada conclusión que las mismas no corresponden de ninguna manera a la enorme deuda contraída por nuestro país.

¡Estamos hasta la coronilla! No obstante, los economistas-sobre todo los oficiales-creen que todavía el país no agota su capacidad de endeudamiento. A otro perro con ese hueso. La verdad es que estamos llegando o ya llegamos al límite para seguir contrayendo compromisos económicos.

Ya ni siquiera podemos mantener el aparato administrativo. El actual gobierno está pasando por serios apuros. Necesita de algo así como 250 millones de lempiras para poder salir avante con el presupuesto general de ingresos y egresos. Y lo más grave es que no haya de dónde sacar tanta plata.

Aunque el presupuesto de la nación siempre ha sido deficitario, la situación en el pasado no ha sido tan grave como en la actualidad.

Mientras el ingeniero Azcona lucha por sacar a flote su administración, en el Congreso Nacional se hace todo lo contrario: se promueven proyectos que aumentan el gasto público y agravan la situación del déficit fiscal. ¡Todo por demagogia política!

Debemos ser claros: Honduras es un país pobre y sus ciudadanos debemos acostumbrarnos a vivir como pobres. El ejemplo, desde luego, debe emanar del gobierno para que los gobernados hagan otro tanto.

Eso del endeudamiento externo viene siendo objeto de acaloradas polémicas. Un designado a la Presidencia ha puesto una pica en Flandes al señalar el despilfarro y los malos manejos de los recursos provenientes de los préstamos del exterior.

Su comparecencia ante las comisiones del Congreso que tienen que ver con esta materia, parece que no fue del todo convincente, aunque el expositor señaló hechos, cifras y administraciones, sindicadas como responsables del desastre económico. Pero algunos diputados no quedaron conformes: querían nombres de personas, metidas hasta el cuello en los pantanos de la corrupción.

Arguyó el designado que la determinación de responsabilidades era una atribución de los órganos del estado, que tienen que ver con esta cuestión, que sus cuestionamientos se encaminaban más bien a que en el futuro no se siga presentando tan penosas situaciones.

Estamos fritos y refritos. Hemos llegado casi a la situación de país insolvente. No podemos ni siquiera cubrir nuestro presupuesto.

Necesitamos más préstamos; pero la Cámara y el Senado de los Estados Unidos en sus alas demócratas, por llevar la contraria a Reagan, dicen nones. A Honduras se le redujo su asignación y se le echó atrás la compra de modernos aviones. Todo eso ocurre, mientras Nicaragua se arma hasta los dientes.

Y últimamente es tal la descoordinación en el gobierno que el plan nacional de desarrollo ya lo mandaron al Congreso Nacional para su discusión cuando todavía no ha sido discutido en el Ejecutivo ni aprobado por el Consejo Superior de Planificación donde están representados los sectores políticos, campesinos, obreros y oficiales del país.

¿Cómo puede ser que el Ejecutivo mande al Congreso o algo que ellos mismos no han terminado de discutir?

La Tribuna/2 de mayo de 1987

SERVICIO TELEFÓNICO DIRECTO PIDEN AL PRESIDENTE AZCONA EN CATACAMAS

CATACAMAS, OLANCHO. – Totalmente incomunicada con el resto del país se encuentra esta ciudad, debido a que no cuenta con un sistema telefónico de discado directo, resultando prácticamente una odisea, comunicarse con la capital de la República.

Para tal efecto los catacamenses conformaron un comité especial para la realización de las gestiones necesarias a fin de que HONDUTEL mejore el servicio, pero hasta el momento los esfuerzos realizados han resultado nulos. La comisión de la organización instó al presidente José Azcona a quien se le entregó la petición, acompañada de un planteamiento contentivo de la urgencia que Catacamas contara con un servicio telefónico directo.

El presidente Azcona dijo que resolvería satisfactoriamente la petición, pero "desde hace cuatro meses no hemos obtenido ningún tipo de respuesta lo que significa que el actual gobierno nos tiene olvidados", dijo Rolando García.

Alegan los catacamenses que HONDUTEL creó un programa denominado "las tres ciudades" y consistía en dotar de discado directo a La Paz, El Paraíso y Catacamas, pero "para sorpresa nuestra La Paz y El Paraíso cuentan ya con ese moderno sistema, además de Olanchito y Santa Bárbara que no estaban incluidas en el programa y a nosotros nos han abandonado a sabiendas del movimiento agropecuario y comercial que tiene nuestra ciudad, catalogada como el centro de producción del departamento", indicaron.

También se supo que un promedio de 25 a 30 mil lempiras mensualmente es lo que percibe HONDUTEL de los catacamenses a través de los pagos de 287 abonados que realizan de 80 a 100 llamadas diarias a Tegucigalpa. (ISCOA).

El Coordinador del Comité, Miguel Rafael Osorio cuando entregó al presidente Azcona la formal petición de la necesidad que Catacamas cuente con un servicio telefónico directo. (ISCOA).

Comitiva de catacamenses que está trabajando para lograr que HONDUTEL dote a la ciudad de un servicio telefónico de discado directo y piden al presidente Azcona la ayuda que el mandatario les ofreció cuando visitó el departamento de Olancho.

La Prensa/4 de mayo de 1987

SISTEMA ELÉCTRICO INAUGURARÁ PRESIDENTE AZCONA EN COMAYAGUA

TEGUCIGALPA. – El presidente José Azcona inaugurará la próxima semana un nuevo sistema eléctrico en la comunidad de "La Rosario", departamento de Comayagua.

Los costos de este proyecto sobrepasan los doscientos mil lempiras y beneficiará las comunidades de Santa Rita de los Empates, Tierra Colorada, El Tamboral, Carboneras, Plan Colorado, y otras aldeas aledañas.

El titular de la Empresa Nacional de Energía Eléctrica, Jack Arévalo, dijo que este proyecto tiene una tecnología diferente a la utilizada anteriormente.

Arévalo indicó que este nuevo sistema que reduce en un 50 por ciento los costos de electrificación, será impulsado en otros municipios del país; asimismo agregó "este programa es similar al que utiliza Brasil y se adapta a la realidad de nuestra nación".

Expresó que con este tipo de obras el gobierno pretende trasladar los beneficios de la ciudad hacia el campo, a efecto de mejorar las condiciones de vida y así evitar las migraciones que sólo causan serios problemas más de infraestructura.

En este evento participaron también los embajadores Everett Briggs de los Estados Unidos, Dionisio Marcano de Venezuela, el director de la Agencia para el Desarrollo Internacional (AID), John Sambrailo y otros funcionarios de organismos internacionales.

La Prensa/4 de mayo de 1987

PAVIMENTACIÓN DE TRAMO CARRETERO PIDEN VARIAS COMUNIDADES DE COPÁN

CUCUYAGUA, COPÁN. Los habitantes de las comunidades de Cucuyagua, San Pedro Copán y Corquín, pidieron a las autoridades del Ministerio de Comunicaciones que les pavimenten el tramo carretero que comunica a estos municipios entre sí y con la cabecera departamental.

La petición la formularon los ciudadanos fundados en que el titular de SECOPT al igual que el presidente José Azcona Hoyo prometieron durante la campaña electoral y luego que tomaran posesión de sus cargos pavimentar dicha red vial.

El tramo actual es de 12 kilómetros y el mismo se realizó varios años a nivel rudimentario, de ahí que los pobladores de las tres comunidades piden al mandatario Azcona Hoyo y a su titular de Comunicaciones que el acceso sea pavimentado.

Indicaron que las ventajas para cumplir la promesa es que en el trayecto no se requiere la construcción de puentes. La ejecución beneficiaría a los productores de la zona dedicados al cultivo del café, tabaco y granos básicos, los cuales tendrían acceso al mercado al tener una vía pavimentada que facilite sus operaciones.

DONACIÓN DEL PRESIDENTE AZCONA AL CLUB AMAS DE CASA

Recientemente el presidente José Azcona Hoyo entregó al Club de Amas de Casa de Trabajadores de la Standard Fruit Company, la suma de quince mil lempiras para la construcción de un kindergarten, prometiendo más ayuda una vez finalizada la obra.

En la gráfica de Magdalena Velásquez, el presidente Azcona al momento de hacer la entrega a la señora Margie de Dip, Coordinadora del Club, observan Miriam de Canales, presidenta y Maritza de Paz, secretaria.

Tiempo/4 de mayo de 1987

INFORMARÁN DEL SIDA AL PRESIDENTE AZCONA

La Comisión de Trabajo y Vigilancia por el SIDA, se reunirá hoy con el presidente José Azcona, con un informe actualizado sobre el Síndrome de Inmunodeficiencia Adquirida en Honduras y las necesidades y recursos para prevenirla.

La Comisión del SIDA solicitará además un financiamiento aproximado de 600 mil lempiras para la compra de equipos, reactivos y material educativo necesario para la detección y control de esa mortal enfermedad en el país.

El vocero de la Comisión, Enrique Zelaya, apuntó que es de vital importancia que el mandatario conozca los alcances que el SIDA ha tenido en Honduras para que apoye todos los programas dirigidos a proteger la población contra esa enfermedad.

Agregó que tratarán de que el presidente Azcona apruebe los fondos mencionados que se utilizarán especialmente en la concientización del pueblo hondureño para que conozca el SIDA y evite los posibles medios de contagio.

La Tribuna/5 de mayo 1987

[Promete a FESTRAL]

AZCONA BUSCARÁ SOLUCIÓN AL PROBLEMA DE BANASUPRO

TEGUCIGALPA. – Representantes de la Federación de Sindicatos de Trabajadores de la Alimentación, (FESTRAL) reiteraron al presidente José Azcona, la necesidad de mantener abiertos los centros de abastecimiento popular llamados "BANASUPRO".

Oscar Escalante, presidente de FESTRAL, manifestó, luego de reunirse con el presidente que los "BANASUPRO" deben seguir vigentes y mantener esa protección al bolsillo del pueblo.

Este y otros aspectos problemáticos que esa organización vinculada al sector de alimentación tiene, fueron planteados al mandatario, subrayando el problema que atraviesan los trabajadores del ingenio Cantarranas, donde las relaciones obrero-patronales son tirantes.

Escalante aseguró que los empresarios violan el contrato colectivo de trabajo, al no permitir la libre sindicalización, esto, dijo el dirigente, se le explicó al presidente, dado que esa empresa depende de BANADESA.

Aparte de este problema, el titular del Ejecutivo conoció de la situación que afrontan varios trabajadores de EXCAO, a quienes se les ha negado el pago de sus prestaciones, prometiéndosenos de parte del presidente Azcona y de BANHCAFE hacer efectivas las cancelaciones respectivas.

Para concluir y a manera de reiteración respecto a la pretendida privatización de los BANASUPROS, Escalante recalcó que ellos se opondrían a estos y que el gobernante hondureño les dio su promesa de comunicarse con el vice-ministro de Trabajo, Darío Hernández a fin de buscar alternativas para mantener estos centros de consumo popular.

La Prensa/4 de mayo de 1987

185

Por orden del Presidente

TRES NUEVAS PLAZAS PARA MONJAS CREARÁN EN "LEONARDO MARTÍNEZ"

SAN PEDRO SULA. – El presidente José Azcona ratificó las dos plazas de enfermera profesional ocupadas por religiosas en el Hospital Leonardo Martínez y dispuso se crearán tres puestos más para integrantes de la congregación "Hermanas de la Caridad", informó ayer una fuente del centro asistencial.

Las religiosas han permanecido desde hace varias décadas en el hospital con la obligación de laborar ocho horas diarias a cambio de un salario de 900 lempiras, informó.

No obstante, las mismas han estado en el centro "las 24 horas y su labor es muy valiosa porque además consiguen innumerables donaciones de diferentes instituciones nacionales y extranjeras", agregó la fuente.

Pero las encargadas de la congregación con sede en Guatemala, dispusieron cambiar a las dos hermanas del Leonardo y enviar a otras extranjeras a ocupar sus plazas.

Ante esa situación los encargados del Departamento Legal del Ministerio de Salud dijeron era prohibido por las leyes del país contratar a extranjeras para plazas que podrían ser cubiertas por hondureños.

La fuente consultada no informó sobre la forma cómo el presidente Azcona arregló el conflicto, pero ratificó "las plazas fueron confirmadas y serán abiertas tres o cuatro más para hermanas de esa congregación". (EDT)

Tiempo/5 de mayo de 1987

[Editorial]

LA CREDIBILIDAD DEL SISTEMA

No es únicamente el régimen de turno el que no tiene credibilidad, sino que algo peor, es el sistema democrático el que está en crisis, haciendo agua por todas partes.

Lo peor que le ha ocurrido a este gobierno, ha sido la explosiva y encarnizada lucha que vienen protagonizando media docena de precandidatos a la Presidencia de la República que han invertido mucho dinero y energías en una desquiciante y prematura campaña presidencial que sólo servirá para disminuir las posibilidades del liberalismo de continuar con el poder y desacreditar su propio gobierno, sometido a la anarquizante fiscalización y denuncia de sus propios funcionarios y altos ejecutivos de la presente administración.

La corrupción entronizada en la administración del Estado en los dos regímenes liberales como la impotencia para castigar a los responsables de tales actos, han signado para siempre a este gobierno como incapaz de ordenar su propia casa y, mucho menos, mantener el orden, el prestigio y la moralidad pública en el país.

Los propios liberales no se entienden entre sí. A quince meses de haber asumido su cargo de Presidente de la República, el ingeniero José Simón Azcona Hoyo, no se ha reunido con la bancada liberal ni con las autoridades centrales de su propio partido, lo que ha promovido que la pieza política clave en un gobierno, como lo es el titular del Ejecutivo, por la sola ausencia en el ejercicio de su enorme influencia, haya transferido sin decreto ese poder a cada cabecilla de los movimientos internos que explosionan el ambiente político hondureño.

No se trata de que promueva la candidatura de determinado pretendiente a su silla, sino la de buscar la concordia entre los liberales que andan desde hace tiempo como perros y gatos, dando la impresión que nada les importa el país.

Los políticos andan por las ramas de los grandes problemas económicos, cuando debieran enfocar su atención sobre lo que pudiera ocurrir con la deuda externa y cómo salvar el prestigio de Honduras.

Veamos, para citar unos cuantos ejemplos lo que ocurre sobre la situación real de este país: Honduras tiene una deuda de $ 1.700.000.000 con varias organizaciones internacionales y con los gobiernos de Estados Unidos de América y de Europa, cuyos plazos de pago van de 25 a 40 años; $ 400.000.000 a que asciende la deuda de instituciones autónomas, como BANTRAL, BANADESA, COBANA Y CONADI, siendo la de mayor problema la última citada. Si pudiéramos encontrar quién pudiera comprar estos compromisos por Cuatrocientos millones de dólares, se podrían vender, no obstante los muchos problemas que implica una operación de este tipo; $166.000.000 que debe el Sector Privado, GARANTIZADOS por el Estado de Honduras; $ 125.000.000 que debemos al Fondo Monetario Internacional y unos $ 44.000.000 que debe el gobierno de Honduras a corto plazo a instituciones privadas extranjeras, lo que da un gran total aproximado de DOS MIL QUINIENTOS MILLONES DE DOLARES, de los cuales se están renegociando unos 280 MILLONES DE DOLARES, es decir, todo lo que debemos los hondureños por las operaciones fraudulentas que se ejecutaron, en buena parte, en la Corporación Nacional de Inversiones (CONADI).

Es oportuno afirmar que la deuda gubernamental se está pagando religiosamente, como esperamos que el sector privado esté cumpliendo con sus compromisos financieros.

Nosotros tenemos que proyectar una mejor imagen, tanto para crear un nuevo espíritu de lucha en los hombres de empresa, en los políticos, en la banca y en la inversión extranjera, a la que hay que garantizar para que obtengamos mutuos beneficios. Es por eso que debemos actuar con diligencia, energía y de acuerdo a las leyes de la república, para castigar a tanto lépero que anda por esas calles, con una enorme cola y con la mayor impunidad.

Lo ocurrido en la comparecencia del designado presidencial Jaime Rosenthal Oliva no deja de ser positivo, si bien las acciones se bifurcan y pierden consistencia y fuerza, dado el hecho que el hombre no quiso o no pudo presentar los nombres de los responsables de haber "desviado" dineros provenientes de financiamientos hechos a Honduras, para su particular beneficio.

Incluso las propias Fuerzas Armadas se vieron en la necesidad de hacerse presentes a través de siete altos oficiales, ante la perspectiva de que Rosenthal revelase allí, en el seno de la Cámara Legislativa, los nombres de oficiales del instituto armado, implicados en actos de corrupción. No creemos que esa comisión de militares tenía como propósito intimidar al funcionario.

No hay que olvidar que las acusaciones contra uno que otro oficial militar, ha provenido de la prensa norteamericana, la que señaló en su oportunidad, que solamente a un alto oficial de las Fuerzas Armadas, la "contra" le había entregado un millón de dólares sin que hasta ahora el pueblo hondureño sepa su nombre. Quizás por esa circunstancia es que el instituto armado asistió a la sesión del Congreso Nacional, porque intuyó que Rosenthal podría revelar el nombre del oficial implicado.

El coronel Leonel Gutiérrez Minera, afirmó para los medios de comunicación que a las FFAA le interesaba conocer la documentación de Rosenthal Oliva, especialmente sobre la desviación de empréstitos internacionales y en lo que corresponde a cualesquiera "acción en las (que pudieran estar) implicados uno o tres de sus miembros no implica a la organización armada como tal".

Al final del cuento, el informe Rosenthal Oliva quedó como la investigación sobre CONADI, esto es, las pruebas están dadas, sólo falta la acción de los organismos competentes para averiguar la verdad y castigar a los culpables.

El Heraldo/5 de mayo de 1987

SAN PEDRO SULA Y... SU GENTE

Con la presencia del presidente de la República José Azcona Hoyo y el jefe de las Fuerzas Armadas Humberto Regalado Hernández, la Federación Sindical de Trabajadores Nacionales de Honduras, FESITRANH, celebraron el pasado martes su 30 aniversario de fundación cumpliendo así, uno de los mayores compromisos sociales en favor de la clase trabajadora del país.

Francisco Guerrero, actual presidente de esa federación, agradeció en su discurso la presencia del ingeniero José Azcona, expresando que durante sus 30 años de fundación es la segunda vez que un presidente constitucional asiste a un acto de esa naturaleza.

En la celebración de ese trigésimo aniversario, se rindió un homenaje especial a aquellos dirigentes que fueron la piedra angular para constituir en una poderosa organización la FESITRANH.

Como orador especial estuvo Céleo González, quien dirigió por dos décadas esa federación y supo mantener una línea democrática que sus sucesores aún la mantienen sin apartarse de sus luchas reivindicadoras a favor de la clase obrera. (F R).

La gobernadora del departamento de Cortés, Norma de Gallardo, dialoga con el coronel López Grijalba y el jefe de las Fuerzas Armadas Humberto Regalado Hernández. *(Foto Rivera).*

El Presidente Constitucional de la República, se dirige a todos los presentes en el Auditorio Cívico, en el 30 aniversario de la FESITRANH. *(Foto Rivera).*

La Federación Sindical de Trabajadores de Honduras rindió un homenaje especial, a los pioneros del sindicalismo en nuestro país, ante la presencia del presidente y otras personalidades de la sociedad sampedrana.

La Tribuna/5 de mayo de 1987

INFORME SOBRE EL SIDA ENTREGARÁN HOY A AZCONA

Los miembros de la Comisión de Trabajo y Vigilancia por el SIDA, se reunirán hoy con el presidente, José Azcona, con el fin de presentarle un informe actualizado sobre el Síndrome de Inmunodeficiencia Adquirida en Honduras y las necesidades y recursos para prevenirla.

La Comisión del SIDA solicitará además un financiamiento aproximado de 600 mil lempiras para la compra de equipo, reactivos y material educativo necesarios para la detección y control de esa mortal enfermedad en el país.

El vocero de la Comisión, Enrique Zelaya, apuntó que es de vital importancia que el mandatario hondureño conozca los alcances que el SIDA ha tenido en Honduras para que apoye todos los programas dirigidos a proteger a la población contra esa enfermedad.

Agregó que tratarán de que el presidente Azcona apruebe los fondos mencionados que se utilizarán especialmente en la concientización del pueblo hondureño, para que conozca el SIDA y evite los posibles medios de contagio.

El doctor Zelaya informó que este tipo de reuniones se realizarán con la Comisión de Salud del Congreso Nacional y todos los organismos públicos y privados que puedan contribuir a detener el avance del SIDA en nuestro país.

El Heraldo/5 de mayo de 1987

AZCONA RECIBIRÁ A LA ASOCIACIÓN HONDUREÑA DE DESEMPLEADOS

TEGUCIGALPA. - El presidente José Azcona Hoyo recibirá en audiencia especial a la dirigencia de la Asociación Hondureña de Desempleados Públicos que ayer denunció frente a la casa de gobierno que grupos interesados pretenden cobrar mil dólares por cada ciudadano que viaje a Estados Unidos.

Una manifestación de desempleados se produjo frente a la sede, exigiendo mayor interés al régimen en lo que se ha anunciado como la exportación de mano de obra hondureña hacia los Estados Unidos.

Los dirigentes de esta agrupación encabezados por Santiago Alvarado Calona se entrevistaron con el Secretario Privado, William Hall Rivera, quien les confirmó hacerlos pasar con el presidente Azcona el lunes 11 de los corrientes a las diez de la mañana.

Alvarado Calona sostuvo que el intermediario Carlos López Urquía que sirve de enlace entre los interesados en viajar a Estados Unidos y los futuros patrones, pretende cobrar la suma de mil dólares a cada uno a cambio de trasladarlos a aquel país.

Urquía, hace aproximadamente un mes se entrevistó con el presidente de la República, cita en la que también participaron empresarios norteamericanos que confirman la primera contratación de hondureños para que trabajen como braceros.

Urquía presentó a las autoridades del Banco Central de Honduras el proyecto de exportación de mano de obra para que estos lo analicen.

Por otro lado, se supo que el ministro de Trabajo, Adalberto Discua Rodríguez, viajó ayer a los Estados Unidos, a la ciudad de Miami, para hablar con los empresarios en forma definitiva y determinar las condiciones en que trabajarán los hondureños.

La Prensa/5 de mayo de 1987

JOSÉ AZCONA SE OPONDRÁ A MÁS REDUCCIONES DE TIPO FISCAL

TEGUCIGALPA. - El presidente José Azcona expresó a los directivos del Congreso Nacional, encabezados por Carlos Montoya, su oposición a iniciativas que reduzcan los ingresos fiscales.

Azcona cenó en su residencia la noche del miércoles con los dirigentes del Poder Legislativo, según dijo Jacobo Hernández, para discutir varios proyectos de ley que se encuentran pendientes de discusión.

De acuerdo a lo dicho por el directivo del Parlamento, el Presidente advirtió su oposición a la idea de Carlos Montoya de eliminar totalmente los impuestos de exportación.

Dijo que el mandatario recomendó que estos proyectos sean analizados conjuntamente con funcionarios de Hacienda y Crédito Público para establecer el impacto que tendrían en las finanzas estatales.

Indicó que se abordó lo relativo al café, un proyecto de exoneración de 100 lempiras para la compra de un timbre para los extranjeros que después de 10 años de residir en el país, solicitan residencia.

Asimismo, un proyecto para disminuir las barreras arancelarias a la maquinaria agrícola, las limas, machetes y esconfinas.

Hernández calificó esta primera reunión entre los directivos del Congreso y Azcona en su residencia, de positiva y dijo que "es necesario continuar este tipo de contactos".

Aseguró que en la cita no se abordó lo relativo a la muerte del magistrado Mario Reyes Sarmiento. (GP).

Tiempo/10 de julio de 1987

FOPRIDEH SE REUNE CON EL SR. PRESIDENTE AZCONA

De izquierda a derecha Ing. Azcona, presidente de la República, Lic. Juan Ramón Martínez, presidente de FOPRIDEH, Lic. Rodolfo Grádiz, tesorero, Ing. Ramiro Irabien, director ejecutivo y Lic. Raúl Flores Gómez vicepresidente de FOPRIDEH.

*La Tribuna/***6 de mayo de 1987**

14 DÍAS DURARÁ GIRA INTERNACIONAL DE AZCONA

TEGUCIGALPA. -El presidente José Azcona Hoyo permanecerá fuera del país durante 14 días cuando realice su visita a Israel y Holanda a partir del 24 del presente mes, acompañado por el canciller Carlos López Contreras y el jefe de las Fuerzas Armadas, general Humberto Regalado Hernández.

Según se informó ayer en la Casa Presidencial, el presidente Azcona hará escala en Houston, Estados Unidos, de donde partirá rumbo a Ámsterdam, Holanda, y después a Tel Aviv, Israel.

La gira del presidente Azcona tiene como propósito estrechar los lazos de amistad entre esos países y Honduras, y conseguir una mejor cooperación económica y de asistencia técnica, especialmente en el sector agrícola. (TDG).

Tiempo/6 de mayo de 1987

EL "NUEVO AMANECER" DE AZCONA

Por: MARCO TULIO TREJO M.

Hace un año y cuatro meses, que el pueblo hondureño cifró sus esperanzas en las promesas hechas por el actual presidente de la República en su campaña política: A esta fecha, ya no hay engaño, las ilusiones fueron espejismos, con Azcona en el poder sólo "Mata" vio el nuevo amanecer.

Se hizo muy popular un "slogan" que utilizó el gobernante en su lucha por la conquista del poder, "con Azcona en el poder el pueblo tendrá un nuevo amanecer". Como el hondureño, pasa ayuno de tener algún día un gobernante que traduzca sus promesas en realidades, con poco se deja convencer, aunque después no le cumplan.

Para algunos pocos el arribo al poder del "azconismo" ha sido como ganarse la lotería mayor, en tiempo de navidad, ya que después de la repartición del botín, se les puede ver a los beneficiados inflados como globos lanzados al espacio, gozando de todo tipo de privilegios, que jamás hubieran alcanzado por sus manifiestas incapacidades.

A dieciséis meses de gobierno los ofrecimientos del grupo que "ganó las elecciones", ya que de no ser con los votos de "OMA", jamás hubiera sido presidente José Azcona, las esperanzas y expectativas de la hondureñidad son más inciertas.

El hambre cada día es más aguda, los servicios públicos más caros e ineficientes, la criminalidad y la delincuencia va "in crecendo", los abusos de los funcionarios públicos son reiterados, la apatía del gabinete es manifiesta, el abandono de niños es absoluto, la ocupación del territorio hondureño por fuerzas irregulares extranjeras se agrava, el odio entre hondureños se agudiza, las luchas políticas entre personas de un mismo partido parece un circo romano, el saqueo del presupuesto de la nación es inocultable; en fin, la mar y sus conchas.

Los flagelos sociales de Honduras avanzan como un cáncer, sin que el enfermo reciba la atención oportuna de un galeno, que encuentre la medicina a tiempo para evitar su inevitable deceso.

¿Podremos salvar a Honduras? Claro que sí, ¿cómo entonces? Sólo el pueblo salvará al pueblo. Necesitamos un hondureño más consciente y responsable, para con su patria, eliminemos los ambiciosos que solamente buscan el poder para saciar sus apetitos de riqueza, poder para vengarse de infecundos resentimientos, poder hacer y deshacer con los bienes públicos, poder para viajar por todo el mundo con dineros sagrados que bien podrían emplearse en causas de bienestar común, poder para utilizar las instituciones del Estado como medio para alcanzar sus fines.

Esta es la forma de salvar la patria de Cabañas, y de todos los buenos catrachos que siempre han deseado una patria respetada y digna. Votemos contra el oficialismo en las futuras elecciones y exijamos el respeto irrestricto a las leyes del país, y con ello habremos contribuido al engrandecimiento de una Honduras para todos, no para un grupo de oportunistas, que otrora ofrecieron mucho y ahora se esconden para que el pueblo no los vea, paseándose por las calles con sirenas, atropellando una vez más al pueblo y violando las leyes de tránsito al pasarse por los semáforos en rojo, sin respetar el derecho de paso de los demás.

La Tribuna / 6 de mayo de 1987

AZCONA BUSCA UN MILLÓN PARA COMBATIR EL SIDA

Una asignación presupuestaria de un millón de lempiras, solicitaron ayer al presidente José Azcona los miembros de la Comisión Nacional de Investigación del SIDA, para ejecutar una serie de programas tendientes a prevenir el contagio de esa enfermedad.

Durante una hora los miembros de la comisión encabezada por el ministro de Salud Pública, Rubén Villeda Bermúdez informaron detalladamente al mandatario sobre la incidencia del SIDA en Honduras y las medidas que deben adoptarse de inmediato.

La comisión entregó al gobernante un presupuesto de un millón 150 mil lempiras que serán invertidos en cuatro programas básicos: laboratorios para diagnóstico, vigilancia epidemiológica, capacitación de personal y amplia educación de la comunidad en general.

Villeda Bermúdez informó que hasta la fecha se han confirmado 27 casos de SIDA en Honduras y que hay 17 casos más que se encuentran en estudio por parte de la comisión.

Agregó que la cantidad de personas infectadas de SIDA en Honduras es muy grande dada la cantidad de casos comprobados, "porque los 27 casos únicamente son la punta del problema".

Las personas afectadas por el SIDA en Honduras tienen antecedentes de llevar una vida sexual desordenada. Un 52 por ciento de los 27 casos son homosexuales y bisexuales y únicamente cuatro mujeres, que representan el 15 por ciento, han sido afectadas por la enfermedad.

"Se han planteado estrategias para enfrentar con éxito esta tremenda enfermedad, principalmente la educación de la población para que todos observen medidas preventivas a fin de evitar que sean contagiados por el SIDA", dijo Villeda Bermúdez.

Indicó que el presidente Azcona está consciente de la magnitud del problema y que de inmediato ordenó a las autoridades de Hacienda la búsqueda de los fondos que se requieren para combatir el SIDA.

La

Los miembros de la Comisión Nacional de Investigación del SIDA durante la reunión que sostuvieron con el presidente José Azcona, para explicarle la incidencia de esa enfermedad dentro de la población hondureña y solicitarle un presupuesto para combatirla. *(Foto Aquiles Andino).*

Tribuna/6 de mayo de 1987

194

ANUENTE EL PRESIDENTE A APOYAR CAMPAÑA ANTI-SIDA

TEGUCIGALPA. Los miembros de la Comisión Nacional del Síndrome de Inmunodeficiencia Adquirida (SIDA) se reunieron ayer con el presidente José Azcona Hoyo, para informarle sobre el avance de esa enfermedad en el país y la necesidad de que el gobierno asigne más de un millón de lempiras para enfrentar ese problema.

El presidente de la comisión, doctor José Enrique Zelaya, dijo que hasta finales del mes pasado se confirmaron 27 casos de SIDA y que otras 17 personas están siendo investigadas.

"Estos 27 casos de SIDA representan la punta de un iceberg, pero existe toda una montaña escondida debajo del agua que no hemos podido detectar, y es la misma historia en todos los países. La cantidad de personas infectadas en el país es muy grande por el número de casos que estamos descubriendo", agregó.

El doctor Zelaya indicó que no se han descubierto otras formas de transmisión del SIDA aparte del contacto sexual, transfusión sanguínea y de la madre al hijo durante el estado de embarazo.

Señaló que la comisión ha elaborado un presupuesto de un millón 150 mil lempiras para el mejoramiento de los laboratorios de detección del SIDA, capacitación del personal, programas de educación para el pueblo y el desarrollo de un sistema de vigilancia epidemiológica, que permita darle seguimiento adecuado a las personas infectadas por esa enfermedad.

Dijo que el presidente Azcona quedó "complacido" con la exposición hecha por la comisión y que está anuente a apoyar financieramente los programas para evitar el SIDA.

LOS DEPORTADOS SERÁN EXAMINADOS PARA VER SI PORTAN EL SIDA.

Por otra parte, el doctor Zelaya manifestó que las direcciones generales de Salud Pública de Honduras, Guatemala y El Salvador, han solicitado al Departamento de Estado de los Estados Unidos que a los centroamericanos que sean deportados con la aplicación de la nueva ley de migración, se les realice las pruebas para la detección del virus del SIDA, y esperamos que esta solicitud sea aceptada por el Departamento de Estado y que informe al respecto a la comisión para tomar las medidas preventivas. Finalmente, expresó que Honduras podría exigir también que a todos los extranjeros que ingresen al país se les realice el examen para la detección del SIDA, así como algunos países han empezado a implementar esa medida. (TDG).

Tiempo/6 de mayo de 1987

COMISIÓN ANTI SIDA TOCA A LAS PUERTAS DE AZCONA EN BUSCA DE APOYO ECONÓMICO

- **27 casos comprobados, pero hay muchos más enfermos, según el ministro de Salud, Rubén Villeda Bermúdez.**
- **Deportados de EUA serán examinados para evitar más contagios de la enfermedad.**

Una suma aproximada de un millón 200 mil lempiras fue solicitada ayer al presidente José Azcona Hoyo por los miembros de la Comisión Nacional Contra el SIDA para iniciar cuanto antes una campaña que evite la acelerada propagación de la enfermedad.

El presidente de la Comisión y ministro de Salud Rubén Villeda Bermúdez, dijo que la ofensiva contra el Síndrome de Inmunodeficiencia Adquirida (SIDA) incluye una campaña educativa a todos los niveles para informar debidamente a la población sobre los riesgos de contagio y las formas para evitarlo.

Villeda informó que hasta la última semana de abril se habían contabilizado 27 casos comprobados de la enfermedad, pero es posible que el número sea mucho mayor porque hay muchos enfermos que no se reportan ante las autoridades de Salud.

El funcionario señaló que la campaña educativa en preparación abarcará espacios en todos los medios de comunicación, afiches, conferencias en los centros educativos y todo tipo de divulgación para contrarrestar el avance de la mortal enfermedad.

Villeda externó su confianza en que el Presidente Azcona colaborará con la Comisión en referencia mediante un aporte inicial en 1987 y el resto del dinero solicitado, en 1988.

Por su parte, el jefe de Epidemiología del Ministerio de Salud, José Enrique Zelaya indicó que la ofensiva contra el SIDA abarca la instalación de laboratorios adecuados, capacitación de personal, educación a todos los niveles y seguimiento de los casos positivos.

DEPORTADOS A EXAMEN

El funcionario reveló que los gobiernos de Guatemala, El Salvador y Honduras se han dirigido al Departamento de Estado de los Estados Unidos, para que examinen la sangre de los miles de deportados centroamericanos que se espera llegarán a la región en los próximos días como consecuencia de la nueva Ley de Inmigración vigente desde ayer.

Zelaya dijo que la medida busca evitar un mayor contagio de la población hondureña y que si se presenta el caso de países que exigen la prueba del SIDA a los hondureños, el gobierno también podría darles igual tratamiento a los visitantes originarios de esos países.

El Jefe de Epidemiología destacó que la mejor forma de no contraer la enfermedad es llevar una vida sexual sana, evitando la promiscuidad y el contacto sexual con desconocidos.

"Estamos conociendo la punta del problema pues es muy probable que haya muchos casos más de personas que padezcan la enfermedad", dijo Zelaya.

Agregó que los estudios científicos han determinado que solamente a través del contacto sexual, las transfusiones sanguíneas, el uso de agujas infectadas y el vientre de la madre embarazada, que padece la enfermedad, se puede transmitir el SIDA.

Dijo que no hay evidencias de contraer el mal a través del sudor, la saliva, las lágrimas o el contacto social casual y pidió mucho cuidado con el uso de preservativos porque "no garantizan una efectividad del cien por ciento".

Una comisión del Ministerio de Salud se entrevistó con el Presidente Azcona para informarle sobre la incidencia del SIDA en Honduras.

RUBEN VILLEDA BERMÚDEZ,
Ministro de Salud.

El Heraldo/6 de mayo de 1987

Esperamos que Azcona cambie su gabinete, sin presiones

Las centrales obreras no demandaron la reestructuración del Gabinete de Gobierno el pasado Primero de Mayo porque hacer tal cosa equivale a fortalecerlo en sus cargos, dijeron a EL HERALDO varios dirigentes sindicales.

El secretario general de la Confederación de Trabajadores de Honduras (CTH), Andrés Víctor Artiles, señaló al respecto que los obreros ya no piden cambios en el Gabinete, sino que esperan que el presidente José Azcona Hoyo lo haga sin presiones.

"Es evidente que se necesita un cambio de colaboradores, pero si se plantea esa demanda a cada rato sucede que el presidente los va a mantener en sus cargos para no dar su brazo a torcer", añadió Artiles.

Al parecer, el presidente Azcona esperará dos meses más antes de proceder a la reestructuración de su equipo de gobierno, aunque, según los dirigentes obreros, el gobernante no les ha prometido nada sobre el particular.

Otro de los líderes sindicales que pidió no ser identificado, señaló que el movimiento obrero ya no presiona para el cambio del Gabinete porque considera que el presidente ya ha llegado a conclusiones sobre algunos de sus colaboradores cercanos y decidirá lo más conveniente para los intereses del país.

Indicó que el interés del sector obrero y campesino se centra en aquellas instituciones relacionadas con las actividades productivas, especialmente el Instituto Nacional Agrario, por considerar que el proceso de transformación en el campo se ha estancado.

El Heraldo/6 de mayo de 1987

PRESIDENTE DARÁ UN MILLÓN DE LEMPIRAS PARA PROGRAMA NACIONAL CONTRA EL SIDA

TEGUCIGALPA. -El presidente Azcona al reunirse ayer con los miembros de la Comisión Nacional del SIDA se comprometió financiar un proyecto de control, concientización y educación que asciende a más de un millón de lempiras.

Los comisionados integrados en su mayoría por representantes del área de Salud, entregaron al gobernante un informe pormenorizado sobre la situación del Síndrome de Inmunodeficiencia Adquirida en el país, que ha llegado a extremos preocupantes, lo que ha obligado a los analistas a elaborar un programa que comprenderá cuatro etapas; la primera consiste en un apoyo laboratorial para el diagnóstico, la capacitación del personal y la educación en servicio, una amplia educación en materia de salud a la comunidad en general y el desarrollo de un sistema de vigilancia epidemiológica que permita hacer el seguimiento adecuado de los casos y sus contactos.

El presidente de la comisión José Enrique Zelaya, dijo al término de la reunión, que Azcona fue receptivo con sus planteamientos y "quedó complacido" con el informe que le presentaron. Informó que las Direcciones Generales de Salud de Honduras, Guatemala y El Salvador, se dirigieron recientemente al Departamento de Estado de Estados Unidos, para que antes de que se practique la anunciada deportación masiva de inmigrantes se les realice las pruebas de SIDA, para soslayar el ingreso de nuevos contagiados.

Por otro lado, el funcionario indicó que, así como Estados Unidos está pidiendo exámenes como requisito para permitir el ingreso de hondureños a ese país, "nosotros también debemos exigírselo a ellos, o sea, mantener una actitud de reciprocidad".

Un informe sobre la situación del SIDA en Honduras fue presentado ayer al presidente de la República, José Azcona, por la comisión investigadora. (*Foto Aulberto Salinas*).

En el informe entregado al mandatario se puntualiza que en la última semana del mes de abril había 27 hondureños con SIDA, de los cuales un 52 por ciento son homosexuales; un 32 por ciento son heterosexuales y un 15 por ciento mujeres.

Zelaya informó que la campaña iniciará en cuanto el Gabinete Económico analice el programa y canalice el financiamiento. Asimismo, reveló que para darle perpetuidad al programa el gobierno tendría que derogar alrededor de medio millón de lempiras, pero hasta el momento no se ha pensado en esta posibilidad.

La Prensa/6 de mayo de 1987
[Secretario de Prensa]

NO SE DESCARTAN CAMBIOS EN GABINETE DE GOBIERNO

El secretario de prensa, Lisandro Quesada, declaró ayer que no deben descartarse cambios dentro del Gabinete de Gobierno. Sin embargo, se abstuvo de mencionar los nombres de los ministros que pudieran ser destituidos en los próximos días.

El funcionario dijo que oficialmente no podía confirmar reestructuración en el Gabinete, "pero estimo que el presidente José Azcona tiene plenas facultades para hacer los cambios que él estime necesarios por el bien del país".

"El mandatario está haciendo un análisis de sus ministros y si encuentra fallas no hay nada que le impida hacer los cambios que considere oportunos", comentó.

Quesada agregó que los informes de labores que ha tenido en su poder demuestran que la mayoría de los ministros han cumplido con las políticas de trabajo que les ha señalado el presidente de la República. "Si entre los ministros existen algunos que no cumplen, pues habría que quitarlos de sus cargos porque yo entiendo que, por encima de los intereses personales o partidistas deben ponerse los intereses del país", expresó.

Finalmente, el vocero gubernamental afirmó que "nunca deben descartarse cambios en el Gabinete de Gobierno, porque aquí no se trata de una empresa privada sino del Estado, cuyos funcionarios trabajan por el bien de todo el pueblo y por lo tanto deben dar lo mejor de sí mismos".

¿Quiénes se irán? No debe descartarse la reestructuración.

La Tribuna/7 de mayo de 1987

PROBABLES CAMBIOS HARÁ AZCONA EN SU GABINETE

TEGUCIGALPA. - A principios del entrante mes de junio, el presidente de la república podría practicar algunos cambios en su Gabinete de Gobierno de acuerdo a fuentes autorizadas de la casa presidencial.

Según la fuente, uno de los ministerios que sería restructurado sería el de Educación Pública, donde el viceministro de Asuntos Técnicos, José Cecilio Silva, ha mantenido discrepancias con la titular de dicha secretaría, lo que no le agradó al gobernante.

Silva acusó recientemente a la ministra de estar despidiendo a funcionarios que trabajaron al lado del presidente Azcona durante la campaña política, aunque posteriormente la funcionaria lo negó.

También se supo que las oficinas de relaciones públicas también serán reestructuradas porque se ha detectado la contratación de personal supernumerario que no está haciendo nada y que sólo contribuye al incremento del déficit fiscal.

"Hay personas en estos ministerios que no me están cumpliendo con sus cargos, las que ya tenemos en lista y que presentaron al presidente", dijo uno de los voceros de casa de gobierno.

La Prensa/9 de mayo de 1987

SIETE MUNICIPIOS Y CASERÍOS DE YORO ELECTRIFICARÁ AZCONA

SAN PEDRO SULA. - Un contrato de electrificación que, en la primera etapa beneficiará a siete municipios y comunidades adyacentes en el departamento de Yoro, firmará en esa cabecera departamental el presidente José Simón Azcona Hoyo.

A los actos, programados para el domingo 17 del presente mes, han sido invitados los alcaldes de ese departamento, los diputados y representantes de organismos financieros internacionales, así como personeros del Gabinete de Gobierno, y otros cercanos colaboradores del mandatario hondureño.

Los municipios beneficiados con ese programa que costará varios millones de lempiras serán Yoro, El Negrito, Morazán, Sulaco, Victoria, Yorito y Jocón, independientemente de otras comunidades rurales, según programación de la Empresa Nacional de Energía Eléctrica (ENEE).

Para aquella fecha, además de otros importantes invitados especiales, han sido invitados al acto importantes autoridades civiles y militares, cuestión que se hizo extensiva al pueblo yoreño para que en esa fecha calorice los actos para tal fin.

Según observadores, algunos políticos han deseado aprovechar los actos para capitalizarse en tal sentido, pero voceros aseguraron que ese es un esfuerzo directo y el cumplimiento de la promesa que el actual mandatario realizara cuando llegó al Yoro en su campaña proselitista.

La Prensa/9 de mayo de 1987

EL 24 DE MAYO PARTIRÁN AZCONA Y REGALADO HERNÁNDEZ A ISRAEL

TEGUCIGALPA. - El presidente Azcona y el jefe de las Fuerzas Armadas, General Humberto Regalado Hernández, partirán el 24 de mayo rumbo a Israel donde se reunirán con las autoridades civiles y militares de ese país, se informó en casa de gobierno.

Azcona y Regalado Hernández viajarán en compañía del canciller Carlos López Contreras en una gira que durará dos semanas, reveló el vocero presidencial Marco Tulio Romero.

Aún no se sabe qué temas abordarán en las reuniones con los funcionarios israelíes, pero se presume que por la presencia del jefe de las Fuerzas Armadas se tratarán asuntos militares.

En un principio el gobierno hondureño anunció que negociaría la compra de aviones de combate del tipo "K-FIR", pero a última hora las negociaciones se hicieron con los Estados Unidos que mediante los convenios militares vigentes proporcionará los "F-5E".

En Ámsterdam, Holanda, donde hará escala el mandatario será aprovechada para reunirse con el embajador en aquel país Marcos Carías Zapata, para conocer sobre la marcha del juicio que en La Haya resolverán el problema fronterizo entre Honduras y El Salvador.

La Prensa/9 de mayo de 1987

BELLAS ARTES PREPARA NOCHE ARTISTICA PRESIDENCIAL

El ingeniero José Simón Azcona, presidirá la "Noche Artística Presidencial" que tendrá lugar el próximo 15 de mayo en el Teatro Nacional "Manuel Bonilla" bajo los auspicios de la Escuela Nacional de Bellas Artes.

Este evento se celebrará para conmemorar el primer aniversario de la presentación de un planteamiento de peticiones para resolver necesidades que por más de cuarenta años viene acumulando la Escuela Nacional de Bellas Artes, y al cual fue receptivo el presidente Azcona.

El ingeniero Azcona, en esa ocasión, se comprometió a dotar a la escuela del equipo necesario y a restaurar las instalaciones del monumento nacional-sede, además de construir cuatro nuevas aulas.

El compromiso del Presidente de Honduras, con Bellas Artes, se ha venido cumpliendo y con esto ha mostrado identificación con los sectores culturales del país.

El profesor Juan Domingo Torres, dice que, aunque no parezca un acontecimiento que revista caracteres históricos, sí lo tiene, puesto que, desde la Reforma Liberal, de Soto y Rosa, sólo la fundación de la Escuela Nacional de Bellas Artes, en 1940, interrumpe el olvido a que se ha sometido a la educación artística y el ejercicio del trabajo plástico en el país.

Por eso y con el fin de que no pase inadvertido este reencuentro entre lo institucional artístico y la responsabilidad del poder estatal, han organizado este acto artístico para sellar el compromiso histórico que reivindica las posibilidades del desarrollo de la educación del arte en el país.

Se espera que a este evento asistan 700 personas, aproximadamente. Tomarán parte artistas de la dimensión de Lupita Carías, Ramón Velásquez, Norma Erazo, José León Valladares, y los integrantes del Cuarteto de Cámara de la Escuela "Francisco R. Diaz Zelaya".

La parte folklórica y costumbrista será cubierta por Voces Universitarias, Federico Ramírez, Belisario Romero y otros artistas hondureños. Habrá también una muestra colectiva de la plástica hondureña.

El ingeniero Azcona estará el 15 de mayo en la "Noche Artística Presidencial".

Juan Domingo Torres y Dino Fanconi, directivos de la Escuela de Bellas Artes están preparando este evento artístico.

La Prensa/9 de mayo de 1987

EMPRESARIOS ALEMANES QUIEREN EXPLOTAR MINERAL DE EL MOCHITO

Inversionistas alemanes interesados en continuar la explotación de la mina de El Mochito se reunieron ayer con el presidente José Azcona para analizar las posibilidades de operar en Honduras.

En la reunión también estuvo presente el designado presidencial Jaime Rosenthal, quien afirmó que los empresarios de Alemania Federal tienen interés en contribuir al desarrollo del país.

Rosenthal dijo que el gobierno está tratando de rescatar todas las fuentes de trabajo, entre ellas la reapertura de la mina de El Mochito, uno de los principales centros de empleo que ha sido afectado.

Indicó que el presidente Azcona les proporcionó amplia información a los inversionistas alemanes sobre la mina de El Mochito "y de ahora en adelante sólo falta esperar la reacción de ellos".

El designado presidencial aseguró que los inversionistas que se entrevistaron con el gobernante representan una compañía alemana muy seria, "que sería una ventaja tenerla en Honduras".

INVERSIONISTAS DE ALEMANIA INTERESADOS EN "LA ROSARIO"

TEGUCIGALPA. - Un grupo de inversionistas alemanes interesados en comprar la mina de El Mochito se entrevistaron con el presidente José Azcona Hoyo por varias horas y el designado presidencial Jaime Rosenthal.

La Rosario Resources Corporation explotaba el mineral cerca definitivamente el pasado 20 de abril alegando pérdidas económicas lo que ha obligado al gobierno a realizar operaciones de bombeo mientras se encuentra comprador.

Al término del encuentro el designado presidencial informó que hasta el momento no hay ninguna conclusión sobre las pláticas con los alemanes pero que estas continuarán.

"Estamos negociando para ver qué posibilidades existen de encontrar una manera que pueda permitir una operación rentable de la mina" reveló Rosenthal Oliva agregando "que el gobierno de Honduras tiene la obligación de promover todas las fuentes de trabajo existentes y eso es lo que se trata de hacer".

"Es una obligación la que tenemos de buscar soluciones a los problemas" dijo lacónicamente tras ser interrogado sobre la posibilidad concreta de que se llegue a un acuerdo con los inversionistas.

Rosenthal Oliva dijo que aún no hay conclusiones y que el presidente Azcona expuso los puntos de vista y ahora en adelante hay que ver cuál es la reacción de los alemanes, pero la cuestión más importante es llegar a solucionar el problema de El Mochito, manifestó.

Opinó Rosenthal que esta compañía alemana es muy seria, para el gobierno sería una ventaja tenerlos en el país. La mina de El Mochito de acuerdo a datos suministrados hace dos meses tiene un costo de 50 millones de dólares y actualmente sus labores se encuentran paralizadas.

Los empresarios alemanes y el designado Jaime Rosenthal Oliva, luego de reunirse con el presidente Azcona, a quien le plantearon su interés por adquirir la mina de El Mochito (*Foto Aulberto Salinas*)

La Prensa/7 de mayo de 1987

AZCONA RECIBE A ALEMANES INTERESADOS EN EL MOCHITO

Una delegación de inversionistas alemanes se reunió ayer con el presidente José Azcona Hoyo para explorar la posibilidad de reactivar la producción mineral de El Mochito, según informó el Designado Presidencial, Jaime Rosenthal Oliva.

Señaló el funcionario que el gobierno está empeñado en que la mina de El Mochito vuelva a operar y continúe siendo fuente de trabajo y riqueza para las miles de personas que dependían de esa actividad.

Rosenthal dijo que los inversionistas alemanes están interesados en encontrar una manera que les permita una operación rentable de la mina y que el presidente Azcona se limitó a exponerles el punto de vista del gobierno.

"De ahora en adelante esperamos la solución que ellos (los alemanes) puedan plantear pues se trata de una compañía muy grande y seria y para el país es conveniente tenerlos" expresó Rosenthal.

De conformidad al último arreglo alcanzado entre el gobierno y La Rosario Resources Corporation, que explotó el mineral hasta el pasado 20 de abril, el yacimiento se mantendrá abierto hasta el 20 de julio y será definitivamente cerrado si para esa fecha no hay comprador alguno.

El Heraldo/7 de mayo de 1987

AZCONA: "ESPECULACIONES", LOS CAMBIOS EN GABINETE

El presidente José Azcona Hoyo ratificó ayer, a través de uno de sus voceros, que no tiene en mente remover a sus principales colaboradores y calificó como "puras especulaciones" los rumores que se han vertido en relación a una reestructuración del Gabinete de Gobierno.

El portavoz presidencial, Marco Tulio Romero, dijo que no se vislumbran cambios en el Gabinete porque el propio presidente le manifestó que los ministros se están desempeñando bien en sus cargos y no hay motivo para removerlos.

"Realizar cambios equivaldría a entorpecer los planes de trabajo que se ejecutan en las diferentes Secretarías de Estado", dijo Azcona, según su inmediato colaborador.

En el caso de la ministra de Educación Eliza Valle, el presidente señaló que "está trabajando bien" y que, si persisten los enfrentamientos verbales con el viceministro del ramo, Cecilio Silva, "no quedará más remedio que trasladar a éste último"

Aunque se había afirmado que el presidente Azcona estaba siendo presionado por las Fuerzas Armadas para que removiera algunos ministros, el propio Comandante en Jefe, Humberto Regalado Hernández rechazó tal versión y sostuvo que ellos (los militares) respetan y están supeditados al poder civil.

Por su parte, el Secretario de Prensa de la Casa de Gobierno, Lisandro Quesada, se limitó a señalar que no se descartan los cambios de funcionarios públicos en cualquier época pero que, por el momento, "el presidente prefiere seguir trabajando con su actual equipo de colaboradores".

El Heraldo/7 de mayo de 1987

AZCONA HOYO A REUNIÓN CON CAMPESINOS HOY A DISCUTIR PROBLEMÁTICA AGRARIA

TEGUCIGALPA. -Para analizar los últimos problemas el presidente José Azcona se reunirá hoy con dirigentes campesinos quienes han amenazado con tomarse masivamente las tierras en virtud de que el gobierno no ha cumplido con los compromisos de hace tres meses.

La Unión Nacional de campesinos (UNC), a través de su secretario general Víctor Inocencio Peralta, y la Asociación Nacional de Campesinos (ANACH), mediante Luis Lagos, han mostrado su inconformidad con el Gobierno Central que no ha entregado las 30 mil manzanas prometidas a principio de año.

El objetivo del encuentro con los dirigentes agrarios es analizar las amenazas advertidas y llegar a un acuerdo preliminar para evitar que los problemas se agudicen.

Aunque el presidente de la república reveló el fin de semana que al firmarse el acta a finales de febrero pasado no hubo un acuerdo formal en el sentido de obligar al gobierno la entrega de las 30 mil manzanas de tierra.

La posición de Azcona es avalada por el ministro de Recursos Naturales, Rodrigo Castillo Aguilar, que también estuvo al momento de rubricarse el compromiso y en este sentido el funcionario apuntó:

"El sector campesino se está saliendo de las normas: la realidad es que aquí se juegan intereses muy personales que son ajenos al problema agrario del país"

"Pero esto no les da la razón para que en este momento quieran hacer una marcha, tomas masivas o un paro a nivel nacional".

"Hay que ver la cosas con más profundidad y analizarlas conjuntamente como un verdadero problema", dijo Castillo.

Por su parte, Mario Espinal director ejecutivo del INA, manifestó que "el gobierno en ningún momento se comprometió a dar a los campesinos esas 30 mil manzanas de tierra de que hablan, pero estamos en capacidad de entregarles unas 25 mil hectáreas",

Víctor Inocencio Peralta

Luis Lagos

La Prensa/8 de mayo de 1987